U0915392

澄衷蒙學堂字課圖說

陆

遼東學堂字課圖說

沈　去　上　平

音霃。不浮曰沈。沈著。浮沈。音鴆。投物於水也。音審。姓也。

直深切。沈水污泥也。故物在水中曰沈。引申之以物投水中曰沈。讀直禁切。式荏切。古國名。周文王子聃季食采於沈。子孫以國為氏。

沒　入

音殁。溺水曰沒。沉沒。沒有。

莫勃切。沒沉也。物沉於水則不能見。故亦訓無。如史記乾沒。俗語沒有。是無則必盡。故又訓盡。如沒階沒齒是。

溺　去　入

音惄。困於水曰溺水。沈溺。溺鳥去聲。

乃歷切。水死為溺。溺弱也。言為水所困。弱不自勝也。引申之凡為外物所困。而沉湎不反者。皆曰溺。奴弔切。同尿。

渾　平

音魂。水濁曰渾。渾濁。

戶昆切。渾溷流聲也。與混略同。謂二水合流。混淆不清也。引申之濁而不清之水。皆曰渾。更申為凡不清之偁。

淹　平

音醃。沈沒於水曰淹。水淹。淹留。

衣廉切。水敝為淹。言水潦壞物也。潦者止而不流之水。故留滯曰淹滯。留滯則有長久之意。故淹又訓久。

涵　平

音含。廣容曰涵。包涵。涵泳。

胡男切。涵水澤多也。言所容受潤澤多也。引申為涵容之涵。又申為涵泳之涵。

濬　去

音浚。疏治水道曰濬。濬河。

須閏切。濬深通川也。使川深通亦曰濬。引申之智德幽深者曰濬哲。

灌　去

音貫。注水於地曰灌。澆灌。灌溉。

古玩切。灌水名。出廬江雩婁北入淮。轉注為盥。盥洗也。灌溉滋潤。物生必蕃。故叢木謂之灌木。又以鬱鬯灌地降神曰祼。取澆灌之義。字亦作灌。

注　去

音註。引水灌物曰注。貫注。起居注。

之戍切。注灌也。謂引彼灌此。使相通也。引申之一氣貫通曰貫注。疏通經義曰疏注。引彼就此則有專向之義。故意有專向亦曰注意。又記事曰注。亦謂注意於此。使不忘也。今有起居注官。

滋　平

音茲。增益之謂。滋潤。滋長。

子之切。滋本訓益。按滋訓草木多益也。滋从水从茲。草木得水其生益茂。故生長曰滋長。潤澤曰滋潤。

浸　去

音祲。灌水滋潤曰浸。浸潤。浸灌。

子鴆切。置物水中曰浸。物之結力較鬆。則水質由漸滲入。故浸亦訓漸。如浸假之浸是。

潤　去

音閏。溼之以水曰潤。光潤。潤澤。

如順切。物得水而潤。則色澤鮮明。故曰潤澤。亦曰潤色。

火 上

貨上聲。陽之精也。五行屬南方。又八大行星之一，曰火星。 水火。 火山。

呼果切。火所以分化萬物。其易見者。如燃柴蠟是。其不易見者。如木與木摩則生火。磁與鐵吸則生電是。其熱而不見者。如石灰入水則沸是。其見而不熱者。如燐火之冷光是。

焚 平

音汾。物被火燒曰焚。 焚香。

符分切。焚火田也。从林从火。會意。引申為凡物被火之偁。

燒 平

音繇。火化曰燒。 燒灰。 燒酒。

尸招切。燒爇也。物無養氣不燒。既有養氣。則無論定質流質氣質。以火引之。皆可以燒。亦有不藉火引者。如燐遇空氣則自然。木與木摩則生火是也。

災 平 灾

音哉。大患曰災。 火災。 災害。

收來切。古文作灾。人火曰火。天火曰災。災所以殃人。故引申為凡殃人者皆謂之災。

烝 平

音蒸。以汽熟物謂之烝。 烝籠。 烝汽。

諸仍切。烝者。熱汽上淫也。引申之。以下淫上謂之烝。烝汽上騰。質點繁密。因又申為烝民之烝。又萬物及冬告成者衆。故冬祭即曰烝。

炙 去 入

音隻。以火熏物曰炙。 炙灰。 音蔗。炙熟之肉曰炙。 膾炙。

之石切。炮肉也。从肉在火上。會意。肉在火上有親之熏之之義。故引申為親炙之炙。又凡食物之經熏者皆謂之炙。讀之夜切。

烹 平

音磅。和水煮物曰烹。 烹調。

披庚切。本作亯。煮也。經傳多作亨。

烘 平

音訌。以火乾物曰烘。 烘爐。

呼洪切。燎也。炙則離火近。烘則離火遠。炙者取生物而使之熟。烘則取溼物而使之乾也。

爨 去 平

音竄。析薪以炊曰爨。 饔爨。 音攛。義同。

七亂切。又七九切。炊也。同象甑。臼所以持也。冂為竈口。廾推林內火。林者柴也。象形兼會意字。引申之所炊之竈即曰爨。

炊 平

音吹。爨也。 炊茶。

昌垂切。炊即爨也。齊人謂爨為炊。

熏 平

音薰。火炙物曰熏。 煙熏。 熏魚。

許云切。火煙上出也。从屮从黑。屮黑。熏象也。熏有火盛之貌。故引申為熏心熏德之熏。又東南風曰熏風。言其風和暖如火熏也。

煎 平

音湔。以火乾汁曰煎。 煎湯。 油煎。

將仙切。爇也。引申為憂煎之煎。猶言憂心如焚也。

煮 上

音渚。烹物曰煮。 煮飯。

掌與切。煮，烹也。物必烹煮煎炙而後食之者，一則易於消化，一則物內所含微生物已死，食之不至傷人也。

熟 入

音淑。物經熱力而成者曰熟。 相熟。 熟讀。

市六切。熟，生之對也。故引申為荒熟之熟。又申為熟聞、熟識之熟。則言聞識已久，猶烹食之久而就熟也。

焦 平

音蕉。灼物成炭曰焦。 焦飯。 三焦。

茲消切。燒物存性曰焦。焦者，氣因火變也。叚借為三焦之焦。三焦者，水穀之道路，氣之所終始也。在胃上心下為上焦，在胃中脘為中焦，在臍下膀胱上為下焦。

熱 入

音苶。冷之對也。 冷熱。 熱腸。

如列切。炎氣聚則生熱。故離赤道南北各二十三度半之地為熱道。熱道之民聰明較少，壽數亦短，因其精氣神不能收斂也。凡熱不必全賴外力，亦有彼此感應而成者，如電與人心是也。故申為熱心、熱力之熱。

燥 去

音喿。乾極則燥。 害燥。 燥溼。

先到切。燥，焦也。引申為乾燥之燥。言如火所灼也。

熾 去

音幟。火勢盛也。 熾昌。

昌志切。火盛曰熾。引申為凡盛之偁。如熾盛、熾昌等是。

燼 去

音盡。火餘曰燼。 灰燼。

徐刃切。燒木之遺也。引申之，凡遺民、遺災皆曰燼。

烽 平

音丰。火之端曰烽。 烽火。 烽燧。

敷容切。从火从夆會意。夆者聳而銳上也。字亦作熢。古者邊疆有警，則舉火於墩以告急，是謂烽火。烽舉於晝，燧舉於夜。

炷 去

音注。鐙中火主也。 一炷香。

之戍切。鐙炷也。本作主。从王从丨。王象鐙，丨象火炎上也。今俗作炷。

烈 入

音列。火勢猛也。 烈火。 節烈。

力蘖切。火猛甚曰烈。引申為酷烈、激烈之烈，皆以甚為義。火甚者光必大，故又申為節烈、勳烈之烈。

蔬

平

音疏。草菜之通稱。園蔬。蔬菜。

所菹切。凡草菜之可茹者。統謂之蔬。

菜

去

音縩。園蔬曰菜。菜根。番菜。

倉代切。菜。草之可食者。古以五味調五菜。謂葵甘。韭酸。藿鹹。薤苦。葱辛也。引申之。凡可以佐飯者。皆曰菜。

芥

去

音戒。辛菜也。草芥。纖芥。

古拜切。芥似菘而有毛。其味辣。可作菹。亦可生食。芥本草屬微賤之物。故物之纖微者曰纖芥。居於微賤者土芥。

薑

平

音姜。老而愈辣者為薑。生薑。乾薑。

居良切。本作蔃。謂其能彊禦百邪也。宿根謂之母薑。四月取母薑種之。五月生苗。如嫩蘆。而葉稍闊。秋社前後。新芽頓長。如列指狀。采食無筋。謂之子薑。

葱

平　蔥

音聰。類韭蒜而中空者。青葱。葱白。

倉紅切。葱凡四種。夏衰冬盛。莖葉軟美。曰凍葱。莖實硬而味薄。至冬葉枯。曰漢葱。並食品用。莖葉粗硬。根若金燈。曰胡葱。細莖大葉。生山谷者。曰山葱。亦曰茖葱。並入藥用。

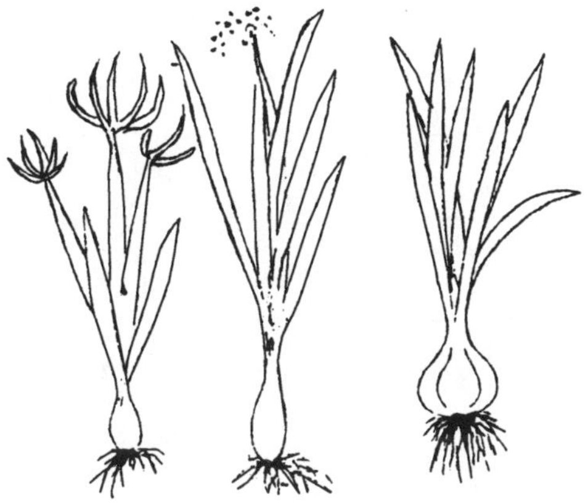

蒜

去

音算。五葷菜之一也。大蒜。蒜苗

蘇貫切。蒜辛而葷。有大小二種。小蒜即卵蒜。胡國有蒜。十許子共為一株。籜幕裹之。名為胡蒜。尤辛。為小蒜。俗亦呼為大蒜。張騫使西域。始得其種。

韭

上

音久。葷菜名。韭菜。剪韭。

舉有切。一種而久生。故謂之韭。冬時培韭根於土中。暖即生長。高可尺許。不見風日。其葉黃嫩。謂之韭黃。

葱

[illegible]

蒜

[illegible]

韭

[illegible]

[illegible]

[illegible]

[illegible]

芥

[illegible]

薑

[illegible]

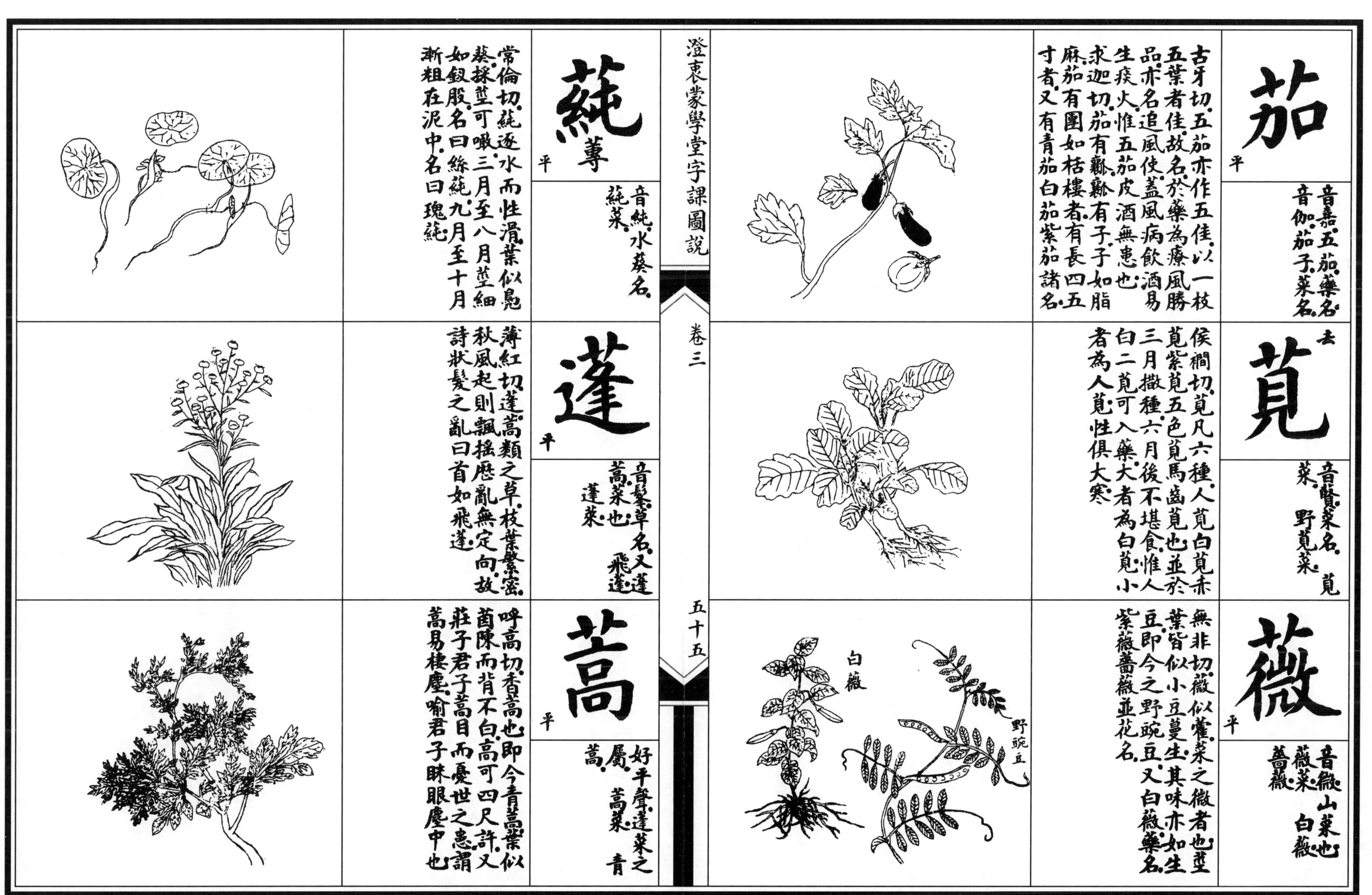

茄 平

音嘉。五茄。藥名。音伽。茄子。菜名。

古牙切。五茄亦作五佳。以一枝五葉者佳。故名。於藥為療風勝品。亦名追風使。蓋風病飲酒易生痰火。惟五茄皮酒無患也。求迦切。茄有鄰鄰有子。子如脂麻。茄有團如栝樓者。有長四五寸者。又有青茄白茄紫茄諸名。

莧 去

音賢。菜名。莧菜。野莧菜。

侯襇切。莧凡六種。人莧白莧赤莧紫莧五色莧馬齒莧也。並於三月撒種。六月後不堪食。惟人白二莧可入藥。大者為白莧。小者為人莧。性俱大寒。

薇 平

音微。山菜也。薇菜。白薇。薔薇。

無非切。薇似藿。菜之微者也。莖葉皆似小豆。蔓生。其味亦如生豆。即今之野豌豆。又白薇藥名。紫薇薔薇並花名。

蒓 蓴 平

音純。水葵名。蒓菜。

常倫切。蒓逐水而性滑。葉似鳧葵。採莖可啜。三月至八月莖細如釵股。名曰絲蒓。九月至十月漸粗在泥中。名曰瑰蒓。

蓬 平

音髼。草名。又蓬蒿菜也。飛蓬。蓬萊。

薄紅切。蓬蒿類之草。枝葉繁密。秋風起則飄搖歷亂無定向。故詩狀髮之亂曰首如飛蓬。

蒿 平

好平聲。蓬蒿之屬。蒿菜。青蒿。

呼高切。香蒿也。即今青蒿。葉似茵陳而背不白。高可四尺許。又莊子君子蒿目而憂世之患。謂蒿易棲塵。喻君子眯眼塵中也。

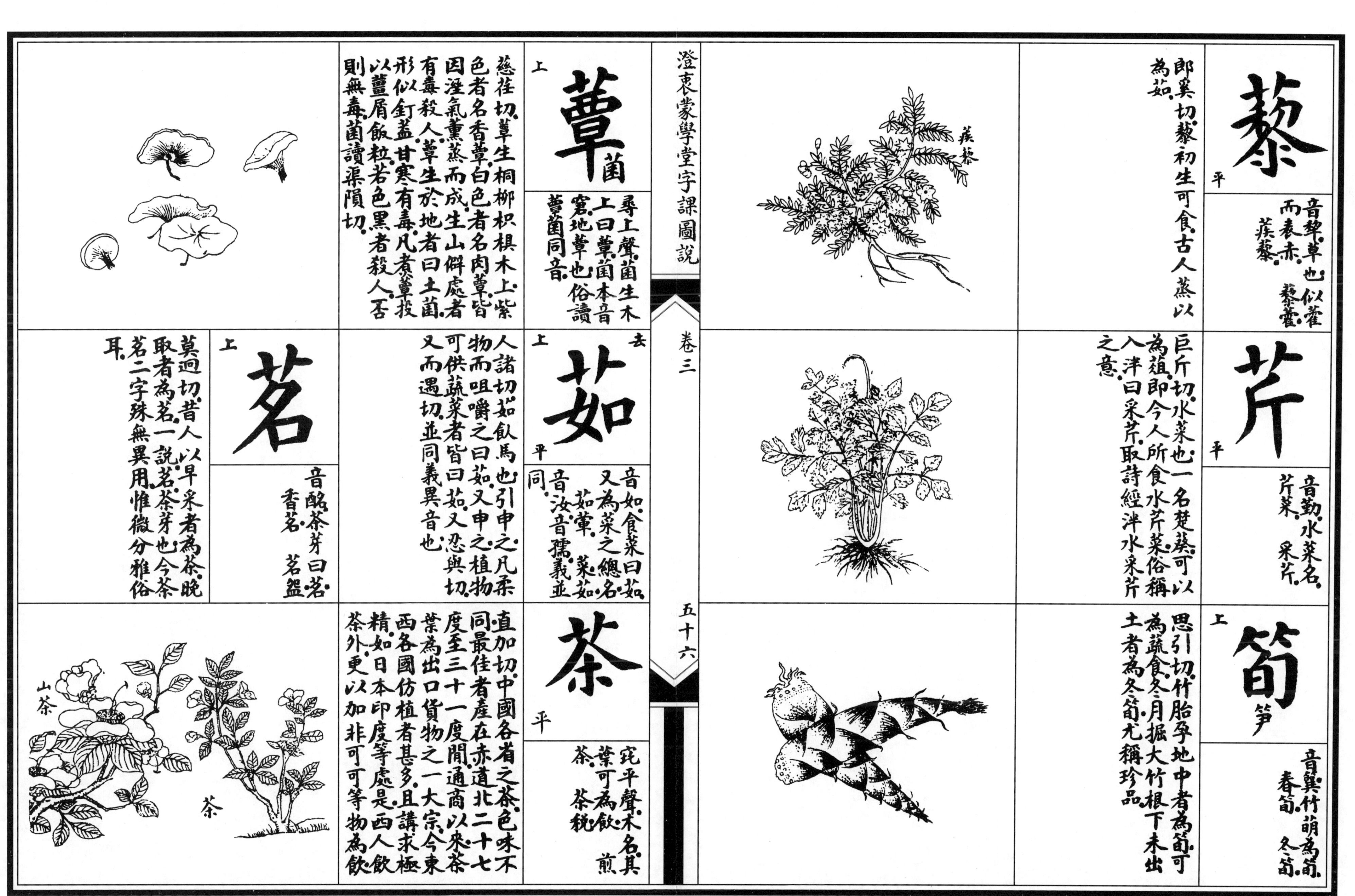

藜 平

音犂。草也。似藿而表赤。藜藿。蒺藜。

郎奚切。藜初生可食。古人蒸以為茹。

芹 平

音勤。水菜名。芹菜。采芹。

巨斤切。水菜也。一名楚葵。可以為葅。即今人所食水芹菜。俗稱入泮曰采芹。取詩經泮水采芹之意。

筍 上 笋

音巽。竹萌為筍。春筍。冬筍。

思引切。竹胎孕地中者為筍。可為蔬食。冬月掘大竹根下未出土者為冬筍。尤稱珍品。

蕈 上 菌

尋上聲。菌生木上曰蕈。菌本音窘。地蕈也。俗讀蕈菌同音。

慈荏切。蕈生桐柳枳椇木上。紫色者名香蕈。白色者名肉蕈。皆因溼氣薰蒸而成。生山僻處者有毒殺人。蕈生於地者曰土菌。形似釘蓋。甘寒有毒。凡煮蕈投以薑屑飯粒。若色黑者殺人。否則無毒。菌讀渠隕切。

茹 上 去 平

音如。食菜曰茹。又為菜之總名。茹葷。菜茹。音汝。音孺。義並同。

人諸切。茹飤馬也。引申之。凡柔物而咀嚼之曰茹。又申之。植物可供蔬菜者皆曰茹。又忍與切。又而遇切。並同義異音也。

茶 平

荈平聲。木名。其葉可為飲。煎茶。茶稅。

直加切。中國各省之茶。色味不同。最佳者產在赤道北二十七度至三十一度間。通商以來。茶葉為出口貨物之一大宗。今東西各國仿植者甚多。且講求極精。如日本印度等處是。西人飲茶外。更以加非可可等物為飲。

茗 上

音酩。茶芽曰茗。香茗。茗盌

莫迥切。昔人以早采者為茶。晚取者為茗。一說。茗。茶芽也。今茶茗二字殊無異用。惟微分雅俗耳。

花 平

音譁。已開之蘂曰花。開花。花卉。

呼瓜切。花為植物傳種之具。其芽常在葉幹角間發出。各件皆葉變化而成。花後所結子粒果實。即生植物之種子。有幹端獨發一花者。謂之幹端花類。有一幹並發多花者。謂之多花類。

瓣 去

音辦。花內圍曰瓣。花瓣。

皮莧切。瓣多華美之色。或全分。或邊相連。在萼內環列成圈。合法之花。萼瓣與花瓣遞更排列。花瓣全分者曰多瓣花。花瓣邊相連者曰合瓣花。亦間有花不成瓣者。萼與瓣之功用。皆為保護花鬚花心之具。

萼 入

音鄂。花外圍曰萼。花萼。

逆各切。萼常綠色。或為彩色。環列花外。其形為數葉合成。每葉為一出。謂之萼瓣。瓣或全分。或以邊相連。全分者謂之多瓣萼。相連者謂之合瓣萼。萼葉亦有單層雙層之別。

芽 平

音衙。草木初生曰芽。枝葉初生亦曰芽。萌芽。含芽。

五加切。置植物種子於地。若地土膏潤。熱度合法。更在常通風氣之處。則生萌芽。枝幹莖葉皆由此發生。枝葉之芽。具於前歲之秋。或隱於莖枝之端。或伏於莖葉交角之間。冬寒故不茁長。至春乃發為枝葉。

葉 入

音枼。附植物枝幹而片片排列者曰葉。枝葉。花葉。

弋涉切。葉生枝間。依法排列。內有長圓軟珠。分上下兩層。中隙為通枝幹之氣管。各珠中有綠色小粒。名為葉綠。即植物藉成綠色者。葉俱兩面有皮。下面之皮有多小口。主宣洩養氣。收吸炭氣。以養全樹之用。

莖 平

音牼。枝柱曰莖。莖葉。花莖。

何庚切。莖。草木之枝柱也。枝葉之藉以植立者。一說草曰莖。木曰幹。又花之長鬚亦曰莖。

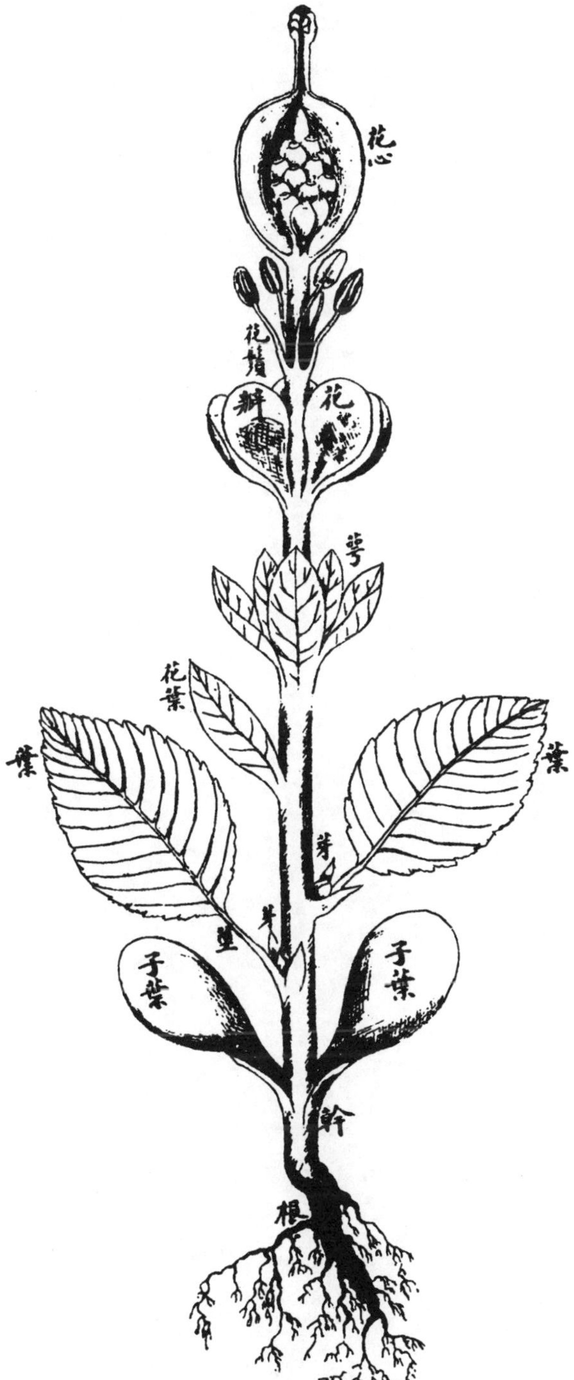

蘂 上

蕋上聲 花含苞曰蘂 花蘂

如壘切 花未開放時 蕚與瓣皆層層掩曡 則謂之蘂

馨 平

興平聲 香之遠聞者曰馨 花馨 馨香

呼刑切 馨 香氣之聞於遠者也

朵 上

音埵 花下垂皃 花朵 朵頤

丁果切 朵 樹木垂朶朶也 引申為花朵之朵 更申為朵頤之朵 謂頤垂下動也 叚借為埰 後世以殿之東西為朵殿 蓋埰之轉注

芳 平

音妨 草香也 芳草 流芳

敷方切 草之清氣曰芳 引申為凡香氣之統稱 又引申之 人有令德 薰其善類 亦曰芳 如芳名流芳之芳是

苞 平

音包 草也 苞苴 竹苞

班交切 苞本訓草 叚借為包 取包裹之意 故草木叢生曰苞 花蘂未放亦曰苞 苞苴之苞 謂以葦或茅包裹魚肉以遺人 今凡以物遺人皆曰苞苴

落 入

音洛 下墜曰落 零落 落花

歷各切 草木彫敝曰落 言枝葉錯落下墜也 引申為殂落之落 言人之斃 猶草木彫敝也 落又訓始 故宮室始成而祭之曰落 室成則可居 因謂可居之處曰落 如院落村落聚落是

蓮 平

音連 荷已成實曰蓮 蓮房 采蓮

靈年切 蓮 青皮裹白子為的 的中有青為薏 味甚苦 凡植物之成實者 必先發華 獨此華實齊生 而華落後實漸長大耳

葵 平

音鄈 菜也 又花名 葵葉 葵扇

渠惟切 菜也 古人種為常食 爾雅所謂莃菟葵是也 其菜易生 備四時之饌 今人不復食之 亦無種者 又一種名秋葵 傾葉向日 以衛其根 俗偁向日葵

秋葵 蜀葵

蘜 菊 入

音掬 秋花也 秋蘜 蘜蘺

居六切 蘜花各品不同 皆宿根自生 莖葉 莖有株蔓 紫赤青綠之殊 葉有大小厚薄尖禿之異 花有千葉單葉 無心有心 無子有子之別 其花色又黃白紅紫間色深淺不同 惟秋時所開黃色者最有致

野菊 菊

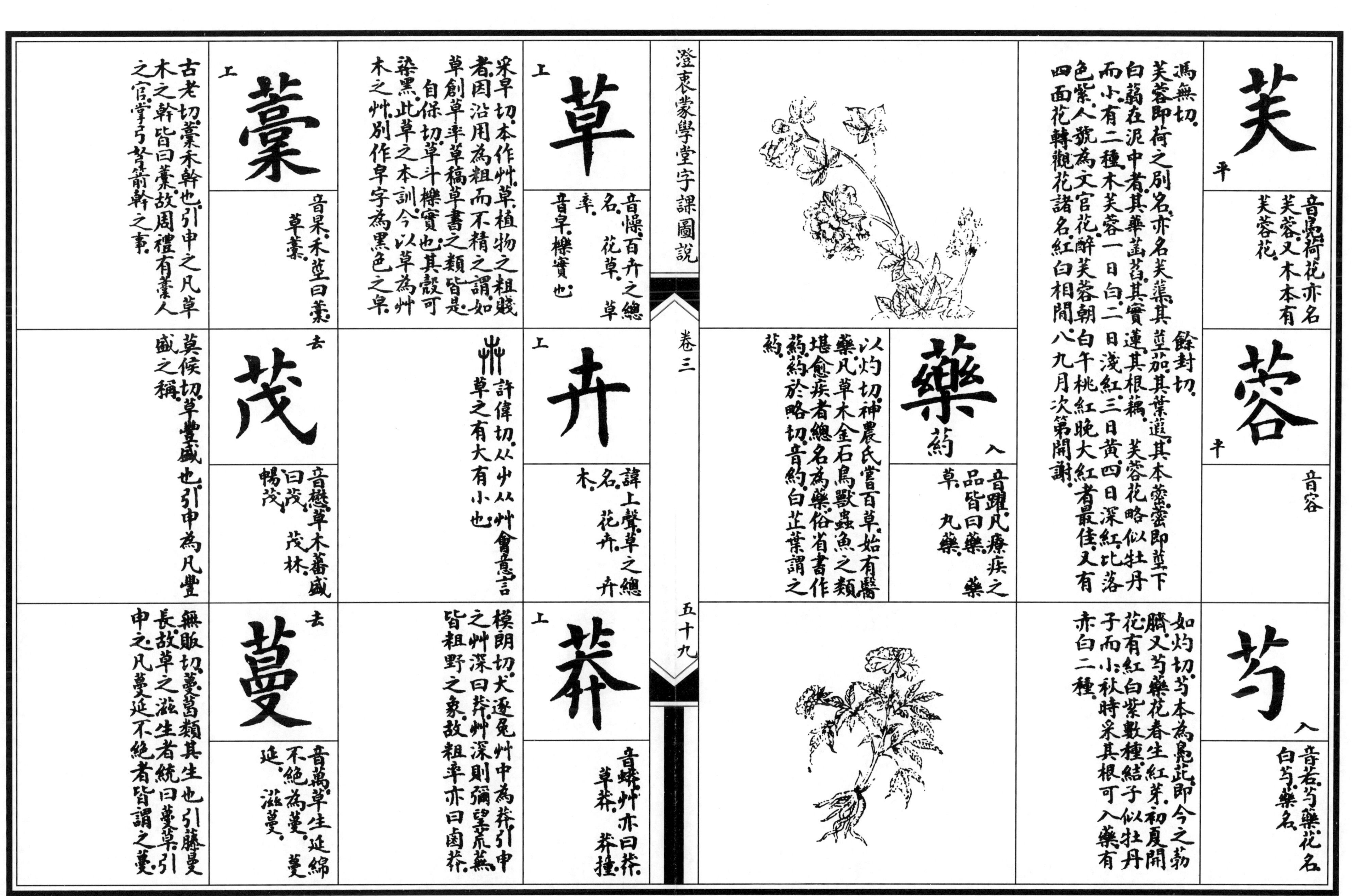

芙 平

音鳧荷花亦名芙蓉又木本有芙蓉花

馮無切芙蓉即荷之別名亦名芙蕖其莖茄其葉蕸其本蔤蔤即莖下白蒻在泥中者其華菡萏其實蓮其根藕　芙蓉花略似牡丹而小有二種木芙蓉一日白二日淺紅三日黃四日深紅比落色紫人號為文官花醉芙蓉朝白午桃紅晚大紅者最佳又有四面花轉觀花諸名紅白相間八九月次第開謝

蓉 平

音容

餘封切

芍 入

音若芍藥花名　白芍藥名

如灼切芍本為鳧茈即今之葧臍又芍藥花春生紅芽初夏開花有紅白紫數種結子似牡丹子而小秋時采其根可入藥有赤白二種

藥 入　葯

音躍凡療疾之品皆曰藥　藥草　丸藥

以灼切神農氏嘗百草始有醫藥凡草木金石鳥獸蟲魚之類堪愈疾者總名為藥俗省書作葯葯於略切音約白芷葉謂之葯

草 上

音慅百卉之總名　花草　草率　音皁櫟實也

采早切本作艸草植物之粗賤者因沿用為粗而不精之謂如草創草率草稿草書之類皆是　自保切草斗櫟實也其殼可染黑此草之本訓今以草為艸木之艸別作皁字為黑色之皁

卉 上

諱上聲草之總名　花卉　卉木

許偉切从屮从艸會意言草之有大有小也

莽 上

音蟒艸亦曰莽　草莽　莽撞

模朗切犬逐兔艸中為莽引申之艸深曰莽艸深則彌望荒蕪皆粗野之象故粗率亦曰鹵莽

藁 上

音杲禾莖曰藁　草藁

古老切藁禾幹也引申之凡草木之幹皆曰藁故周禮有藁人之官掌弓弩箭幹之事

茂 去

音懋草木蕃盛曰茂　茂林　暢茂

莫候切草豐盛也引申為凡豐盛之稱

蔓 去

音萬草生延綿不絕為蔓　蔓延　滋蔓

無販切蔓葛類其生也引藤蔓長故草之滋生者統曰蔓草引申之凡蔓延不絕者皆謂之蔓

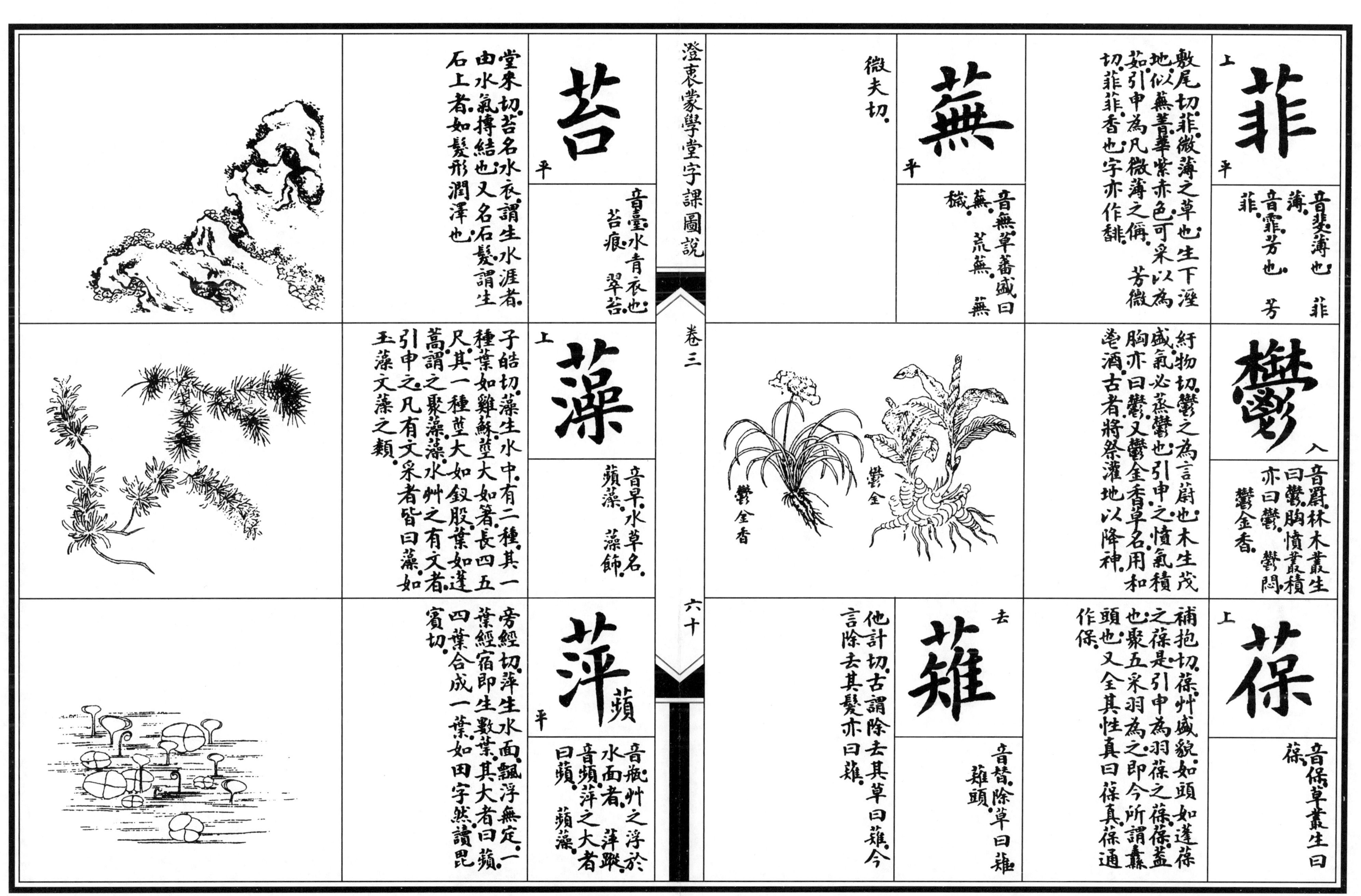

菲 上 平

音斐。薄也。 菲薄。

音霏。芳也。 芳菲。

敷尾切。菲。微薄之草也。生下溼地。似蕪菁。華紫赤色。可采以為茹。引申為凡微薄之偁。 芳微切。菲菲。香也。字亦作蕜。

蕪 平

音無。草蕃盛曰蕪。 荒蕪。 蕪穢。

微夫切。

鬱 入

音蔚。林木叢生曰鬱。胸憤叢積亦曰鬱。 鬱悶。 鬱金香。

紆物切。鬱之為言蔚也。木生茂盛。氣必蒸鬱也。引申之。憤氣積胸亦曰鬱。又鬱金香。草名。用和鬯酒。古者將祭灌地以降神。

葆 上

音保。草叢生曰葆。

補抱切。葆。艸盛貌。如頭如蓬葆之葆。是引申為羽葆之葆。葆。蓋也。聚五采羽為之。即今所謂纛頭也。又全其性真曰葆真。葆通作保。

薙 去

音替。除草曰薙。 薙頭。

他計切。古謂除去其草曰薙。今言除去其髮亦曰薙。

苔 平

音臺。水青衣也。 苔痕。 翠苔。

堂來切。苔名水衣。謂生水涯者。由水氣搏結也。又名石髮。謂生石上者。如髮形潤澤也。

藻 上

音早。水草名。 蘋藻。 藻飾。

子晧切。藻生水中。有二種。其一種葉如雞蘇。莖大如箸。長四五尺。其一種莖大如釵股。葉如蓬蒿。謂之聚藻。藻。水艸之有文者。引申之。凡有文采者皆曰藻。如玉藻文藻之類。

萍（蘋） 平

音瓶。艸之浮於水面者。 萍蹤。

音頻。萍之大者曰蘋。 蘋藻。

旁經切。萍生水面。飄浮無定。一葉經宿即生數葉。其大者曰蘋。四葉合成一葉。如田字然。讀毘賓切。

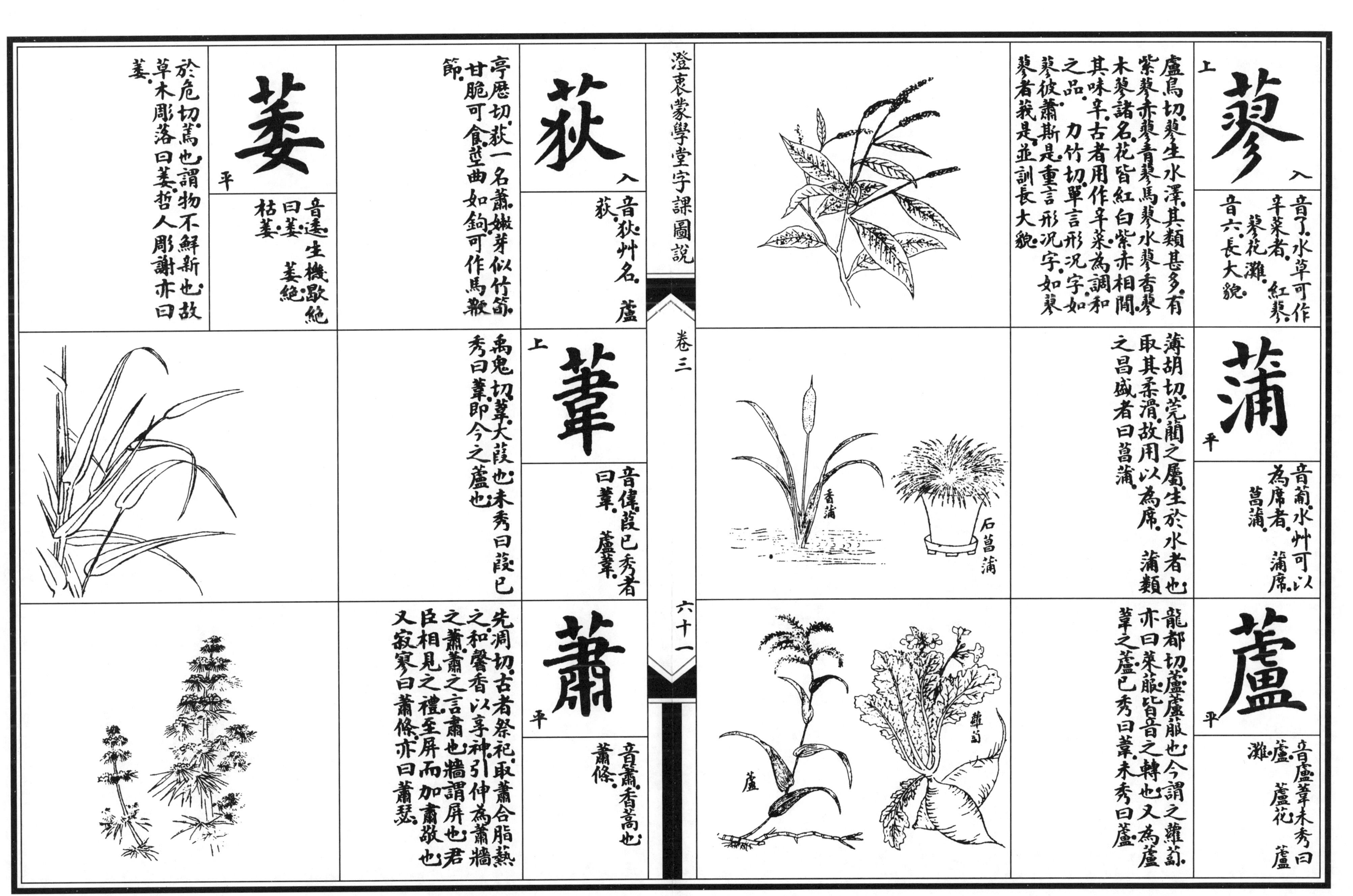

蓼　上　入

音了。水草可作辛菜者。紅蓼。蓼花灘。音六。長大貌。

盧鳥切。蓼生水澤。其類甚多。有紫蓼赤蓼青蓼馬蓼水蓼香蓼木蓼諸名。花皆紅白紫赤相間。其味辛。古者用作辛菜。為調和之品。　力竹切。單言形況字。如蓼彼蕭斯。是重言形況字。如蓼蓼者莪。是並訓長大貌。

蒲　平

音蒲。水艸可以為席者。蒲席。菖蒲。

薄胡切。莞蘭之屬。生於水者也。取其柔滑。故用以為席。　蒲類之昌盛者曰菖蒲。

蘆　平

音盧。葦未秀曰蘆。蘆花。蘆灘。

龍都切。蘆。蘆菔也。今謂之蘿蔔。亦曰萊菔。皆音之轉也。又為蘆葦之蘆。已秀曰葦。未秀曰蘆。

荻　入

音狄。艸名。蘆荻。

亭歷切。荻一名蕭。嫩芽似竹筍。甘脆可食。莖曲如鉤。可作馬鞭節。

葦　上

音偉。葭已秀者曰葦。蘆葦。

禹鬼切。葦。大葭也。未秀曰葭。已秀曰葦。即今之蘆也。

蕭　平

音蕭。香蒿也。蕭條。

先凋切。古者祭祀。取蕭合脂爇之。和馨香以享神。引伸為蕭牆之蕭。蕭之言肅也。牆謂屏也。君臣相見之禮。至屏而加肅敬也。又寂寥曰蕭條。亦曰蕭瑟。

萎　平

音逶。生機歇絕曰萎。萎絕。枯萎。

於危切。蔫也。謂物不鮮新也。故草木彫落曰萎。哲人彫謝亦曰萎。

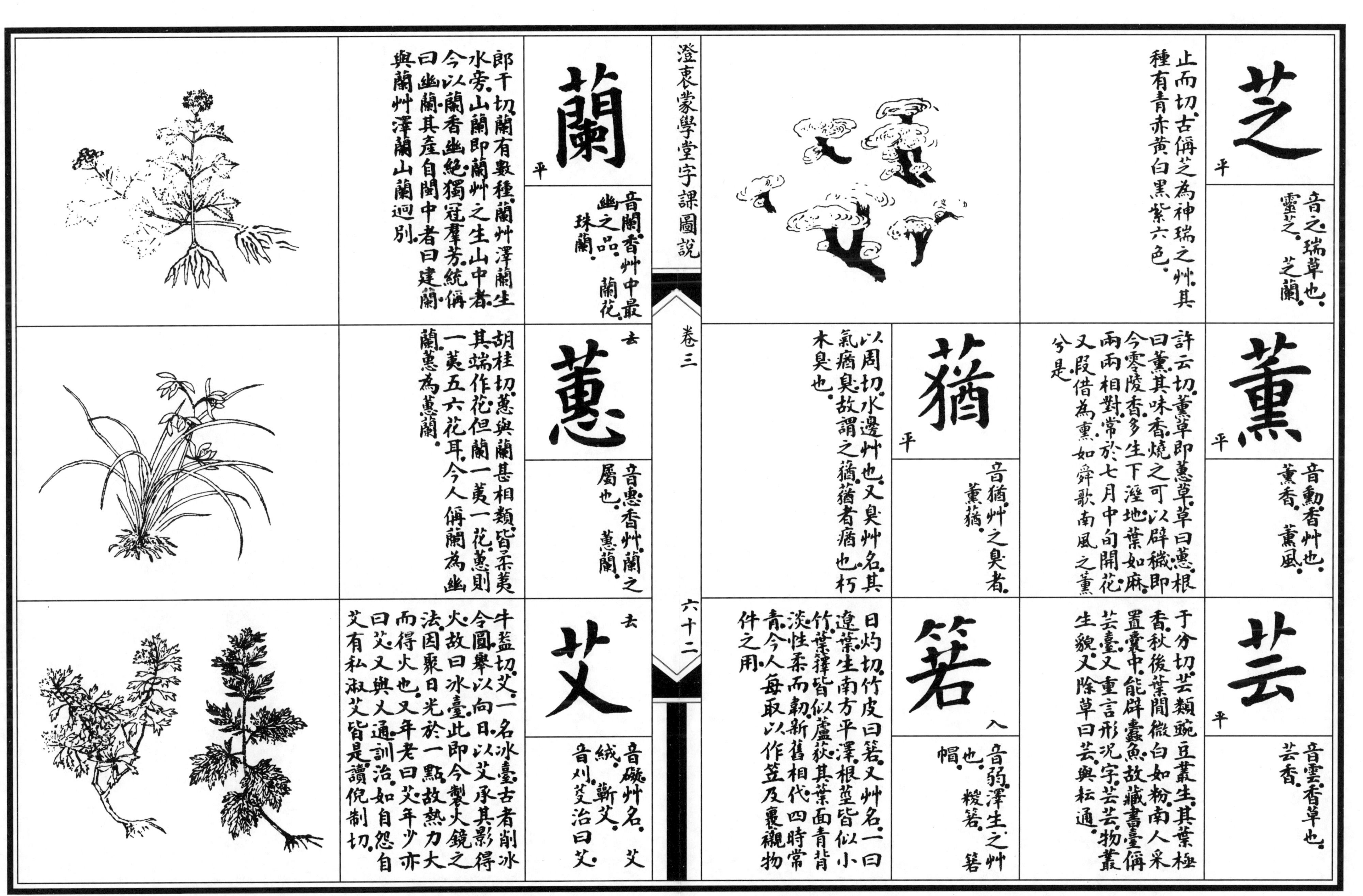

芝 平

音之。瑞草也。芝蘭。靈芝。

止而切。古稱芝為神瑞之艸。其種有青赤黃白黑紫六色。

薰 平

音勳。香艸也。薰風。薰香。

許云切。薰草即蕙草。草曰蕙。根曰薰。其味香。燒之可以辟穢。即今零陵香。多生下溼地。葉如麻。兩兩相對。常於七月中旬開花。又叚借為熏。如舜歌南風之薰兮是。

芸 平

音雲。香草也。芸香。

于分切。芸類豌豆。叢生。其葉極香。秋後葉間微白如粉。南人采置囊中。能辟蠹魚。故藏書臺稱芸臺。又重言形況字。芸芸。物叢生貌。又除草曰芸。與耘通。

蕕 平

音猶。艸之臭者。薰蕕。

以周切。水邊艸也。又臭艸名。其氣蕕臭。故謂之蕕。蕕者猶也。朽木臭也。

箬 入

音弱。澤生之艸也。糉箬。箬帽。

日灼切。竹皮曰箬。又艸名。一曰遼葉。生南方平澤。根莖皆似小竹。葉籜皆似蘆荻。其葉面青背淡。性柔而韌。新舊相代。四時常青。今人每取以作笠及裹襯物件之用。

蘭 平

音蘭。香艸中最幽之品。蘭花。珠蘭。

郎干切。蘭有數種。蘭艸澤蘭生水旁。山蘭即蘭艸之生山中者。今以蘭香幽絕。獨冠羣芳。統稱曰幽蘭。其產自閩中者曰建蘭。與蘭艸澤蘭山蘭迥別。

蕙 去

音惠。香艸。蘭之屬也。蕙蘭。

胡桂切。蕙與蘭甚相類。皆柔荑。其端作花。但蘭一荑一花。蕙則一荑五六花耳。今人稱蘭為幽蘭。蕙為蕙蘭。

艾 去

音礙。艸名。艾絨。蘄艾。音刈。芟治曰艾。

牛蓋切。艾一名冰臺。古者削冰令圓。舉以向日。以艾承其影得火。故曰冰臺。此即今製火鏡之法。因聚日光於一點。故熱力大而得火也。又年老曰艾。年少亦曰艾。又與乂通。訓治。如自怨自艾。有私淑艾。皆是。讀倪制切。

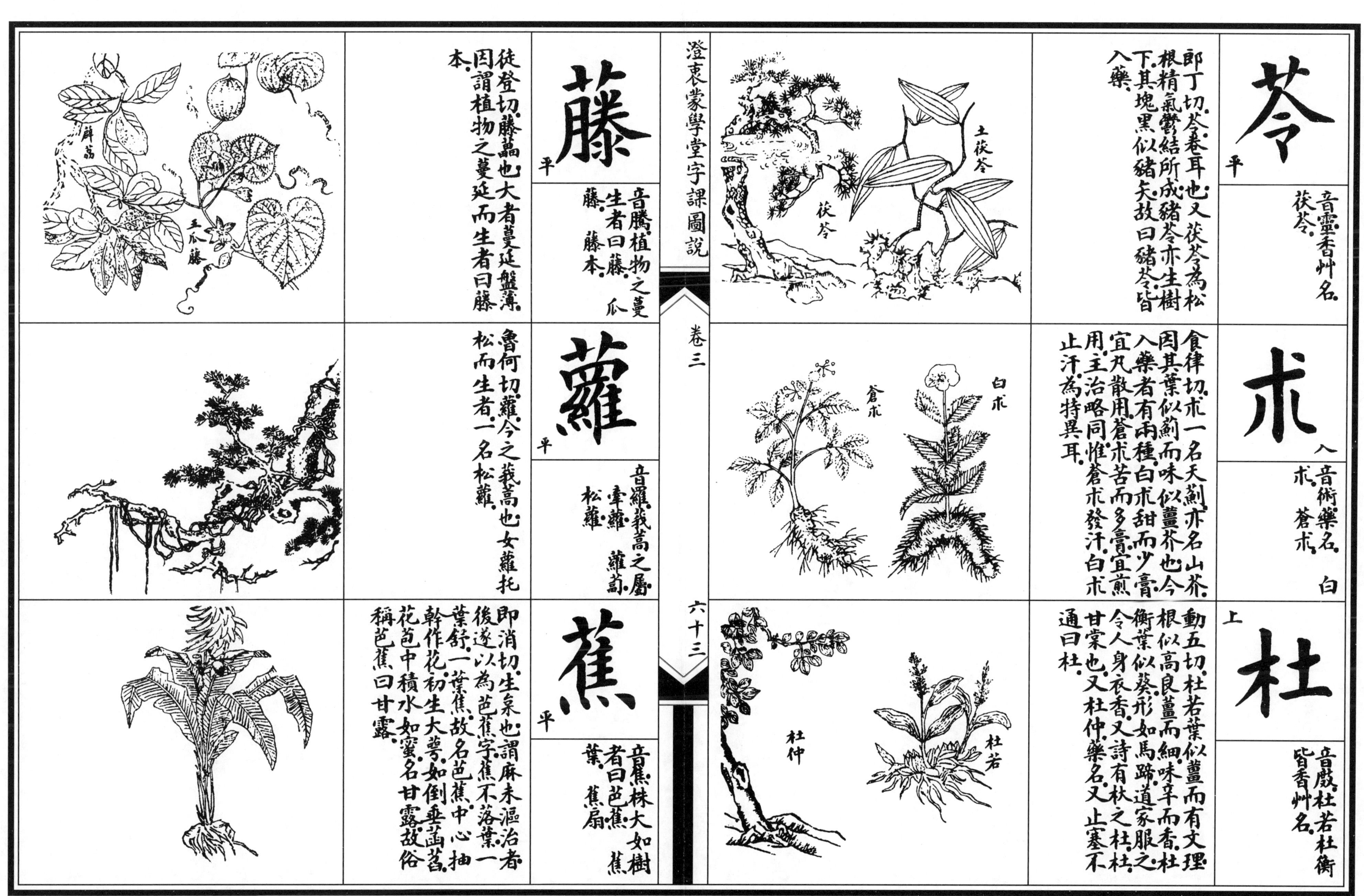

苓 平

音靈。香艸名。茯苓。

郎丁切。苓卷耳也。又茯苓爲松根精氣鬱結所成。豬苓亦生樹下。其塊黑似豬矢。故曰豬苓。皆入藥。

朮 入

音術。藥名。白朮。蒼朮。

食律切。朮一名天薊。亦名山芥。因其葉似薊而味似薑芥也。今入藥者有兩種。白朮甘而少膏。宜丸散用。蒼朮苦而多膏。宜煎用。主治略同。惟蒼朮發汗。白朮止汗爲特異耳。

杜 上

音殿。杜若。杜衡。皆香艸名。

動五切。杜若葉似薑而有文理。根似高良薑而細。味辛而香。杜衡葉似葵。形如馬蹄。道家服之。令人身衣香。又詩有杕之杜。杜。甘棠也。又杜仲。藥名。又止塞不通曰杜。

藤 平

音騰。植物之蔓生者曰藤。瓜藤。藤本。

徒登切。藤藟也。大者蔓延盤薄。因謂植物之蔓延而生者曰藤本。

蘿 平

音羅。莪蒿之屬。牽蘿。蘿蔔。松蘿。

魯何切。蘿。今之莪蒿也。女蘿托松而生者。一名松蘿。

蕉 平

音焦。株大如樹者曰芭蕉。蕉葉。蕉扇。

即消切。生枲也。謂麻未漚治者。後遂以爲芭蕉字。蕉不落葉。一葉舒。一葉焦。故名芭蕉。中心抽幹作花。初生大萼。如倒垂菡萏。花苞中積水如蜜。名甘露。故俗稱芭蕉曰甘露。

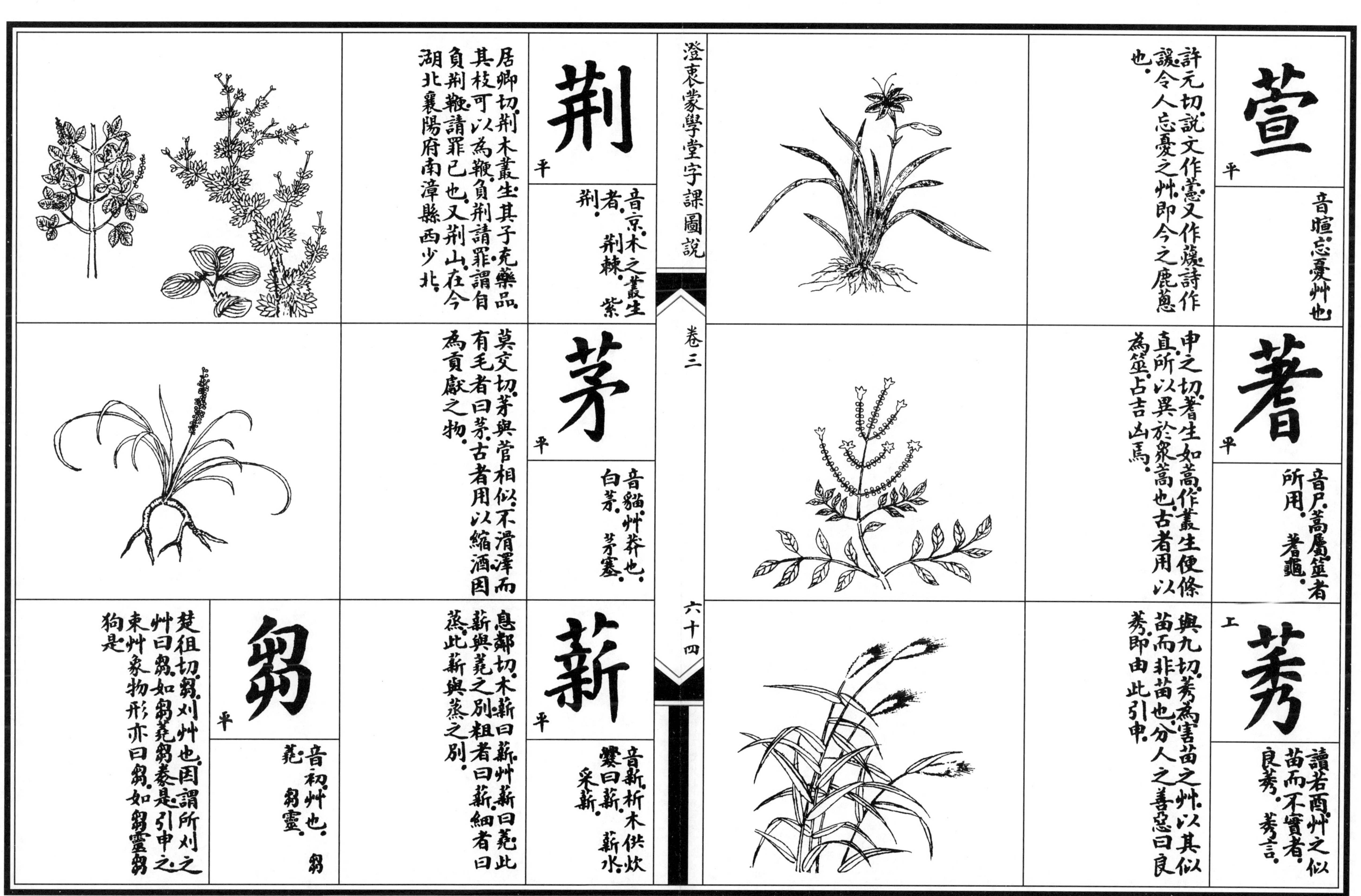

萱 平

音暄。忘憂艸也。

許元切。說文作藼。又作蕿。詩作諼。令人忘憂之艸。即今之鹿葱也。

著 平

音尸。蒿屬。筮者所用。著龜。

申之切。著生如蒿。作叢生。便條直。所以異於衆蒿也。古者用以為筮。占吉凶焉。

莠 上

讀若酉。艸之似苗而不實者。良莠。莠言。

與九切。莠。為害苗之艸。以其似苗而非苗也。分人之善惡曰良莠。即由此引申。

荊 平

音京。木之叢生者。荊棘。紫荊。

居卿切。荊。木叢生。其子充藥品。其枝可以為鞭。負荊請罪。謂自負荊鞭。請罪已也。又荊山。在今湖北襄陽府南漳縣西少北。

茅 平

音貓。艸莽也。白茅。茅塞。

莫交切。茅與菅相似。不滑澤而有毛者曰茅。古者用以縮酒。因為貢獻之物。

薪 平

音新。析木供炊爨曰薪。薪水。采薪。

息鄰切。木薪曰薪。艸薪曰蕘。此薪與蕘之別。粗者曰薪。細者曰蒸。此薪與蒸之別。

芻 平

音初。艸也。芻蕘。芻靈。

楚徂切。芻。刈艸也。因謂所刈之艸曰芻。如芻蕘芻豢是。引申之。束艸象物形亦曰芻。如芻靈芻狗是。

上 **果**

音裹。木成實曰果。 果品。 花果。 果。

古火切。从田从木。象果形在木之上。凡木實曰果。艸實曰蓏。引申為誠實之偁。如果決之果是。又引申為勇敢之偁。如果毅之果是。 又果然。獸名。

入 **核** 覈 平

音覈。果中實曰核。 果核。 覈實。 音陔。與荄通。

下革切。核通作覈。凡棗桃李梅之屬。實其中者謂之覈。物引申為敫核之核。遼實曰核也。又申為研核之核。言審究其事之實也。 古哀切。同荄。艸根也。

平 **櫻**

音鶯。櫻桃。果熟之最先者。 朱櫻。

於驚切。櫻桃一名含桃。樹不甚高。春初開白花。繁英如雪。葉團有尖及細齒。其實一枝數十顆。三月熟。深紅色者曰朱櫻。紫色皮裏有細黃點者曰紫櫻。味最珍重。又有正黃明者曰蠟櫻。小而紅者曰櫻珠。味皆遜。

平 **桃**

音陶。果木名。 櫻桃。 桃花。

徒刀切。桃品甚多。花有紅紫白千葉二色之殊。實有紅桃緋桃碧桃緗桃白桃烏桃金桃銀桃胭脂桃諸名。 胡桃樹高丈許。春初生葉。三月開花。至秋結實。外有青皮肉包之。其核為胡桃。 櫻桃其形肖桃。故名櫻桃。

上 **杏**

音莕。果樹名。 紅杏。 杏仁。

下梗切。杏葉圓而有尖。二月開紅花。亦有千葉者。不結實。其種有沙杏梅杏柰杏金杏木杏山杏諸名。其仁可入藥。

上 **李**

音里。果樹名。 桃李。 行李。

兩耳切。李綠葉白花。樹能耐久。其種近百。其子大者如杯如卵。小者如彈如櫻。其味有甘酸苦澀數種。其色有青綠紫朱黃赤縹綺胭脂青皮紫灰之殊。 行裝曰行李。李理義通。言人將有行。必先理裝也。

平 **棃**

音犂。木果之適口者。 棃膏。 雪花棃。

力脂切。棃山樆也。在山曰樆。人植曰棃。冷利可口。故有快果之偁。今北之秋白棃。南之宣州棃。肉白於雪。核少。食之甘脆。棃類中最為佳品。又西洞庭有一種佳者。將熟時以箬就樹包之。俗謂之箬包棃。

榴

平

音留。石榴果名。榴花。榴火。

力求切。榴五月開花。有紅黃白三色。單葉者結實。千葉者不結實。或結亦無子。實有甜酸苦三種。

柹

上

音士。赤實果也。柹餅。柹霜。

鉏里切。柹高樹大葉。圓而光澤。四月開小花。黃白色。結實青綠色。秋暮乃熟。生置器中而自紅者曰烘柹。晒乾生霜者曰白柹。其霜謂之柹霜。俗誤作柿。柿音肺。削木片也。

杷

平

音爬。收麥器也。又枇杷果名。枇杷膏。枇杷葉。

蒲巴切。杷為收麥之器。一說平田器也。枇杷果屬。葉微似栗。冬開白花。三四月成實。作棣色。如黃杏。微有毛。出東洞庭者大。自種者小。獨核者最佳。

欖

上

音覽。橄欖果名。欖仁。鹹橄欖。

盧敢切。橄欖樹最高。成熟時釘以木釘。納鹽少許。或剝皮以薑汁塗之。其實自落。此果雖熟亦青。故俗呼青果。其味苦澀。久之方回甘味。故又名諫果。嚼汁咽之。治魚鯁。並解魚鱉毒。無果時研核調服亦佳。

荔

去

音麗。艸名。又荔枝果樹也。鮮荔。薜荔。

力智切。荔有三。一為艸。似蒲而小。根可作刷。一為薜荔之荔。香艸名。一為荔枝。樹高二三丈。綠葉蓬蓬然。四時榮茂不彫。其花青白。其子狀如初生松毬。殼有皺紋如羅。夏時則子翕然俱赤。鮮美可食。

萄

平

音陶。葡萄果名。葡萄酒。

徒刀切。葡萄苗作藤蔓而極長大。盛者一二木綿被山谷間。花極細而黃白色。其實有紫白二色。紫者名紫葡萄。白者名水晶葡萄。皆七八月熟。取汁可釀酒。

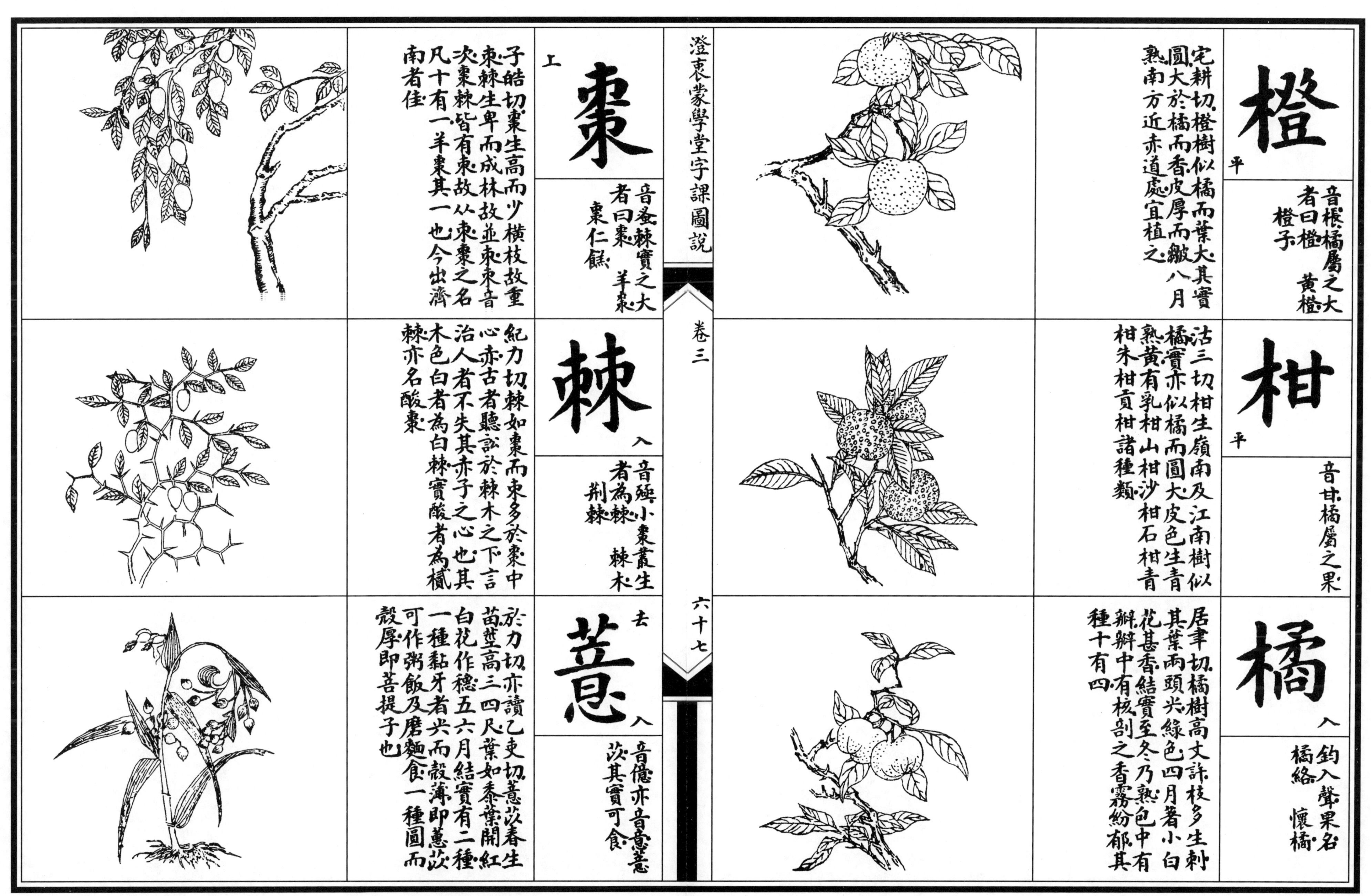

橙 平

音根 橘屬之大者曰橙 黃橙 橙子

宅耕切 橙樹似橘而葉大 其實圓大於橘而香 皮厚而皺 八月熟 南方近赤道處宜植之

柑 平

音甘 橘屬之果

沽三切 柑生嶺南及江南 樹似橘 實亦似橘而圓大 皮色生青熟黃 有乳柑 山柑 沙柑 石柑 青柑 朱柑 貢柑諸種類

橘 入

鈞入聲 果名 橘絡 懷橘

居聿切 橘樹高丈許 枝多生刺 其葉兩頭尖 綠色 四月著小白花 甚香 結實至冬乃熟 色中有瓣 瓣中有核 剖之香霧紛郁 其種十有四

棗 上

音蚤 棘實之大者曰棗 羊棗 棗仁餻

子皓切 棗生高而少橫枝 故重朿 棘生卑而成林 故並朿 朿音次 棗棘皆有朿 故从朿 棗之名凡十有一 羊棗其一也 今出濟南者佳

棘 入

音殛 小棗叢生者為棘 棘木 荆棘

紀力切 棘如棗而朿多 於棗中心 亦古者聽訟於棘木之下 言治人者不失其赤子之心也 其木色白者為白棘 實酸者為樲棘 亦名酸棗

薏 去 入

音億 亦音意 薏苡 其實可食

於力切 亦讀乙吏切 薏苡春生苗 莖高三四尺 葉如黍葉 開紅白花 作穗 五六月結實 有二種 一種黏牙者尖而殼薄 即薏苡 一種圓而殼厚 即菩提子也 可作粥飯及磨麵食

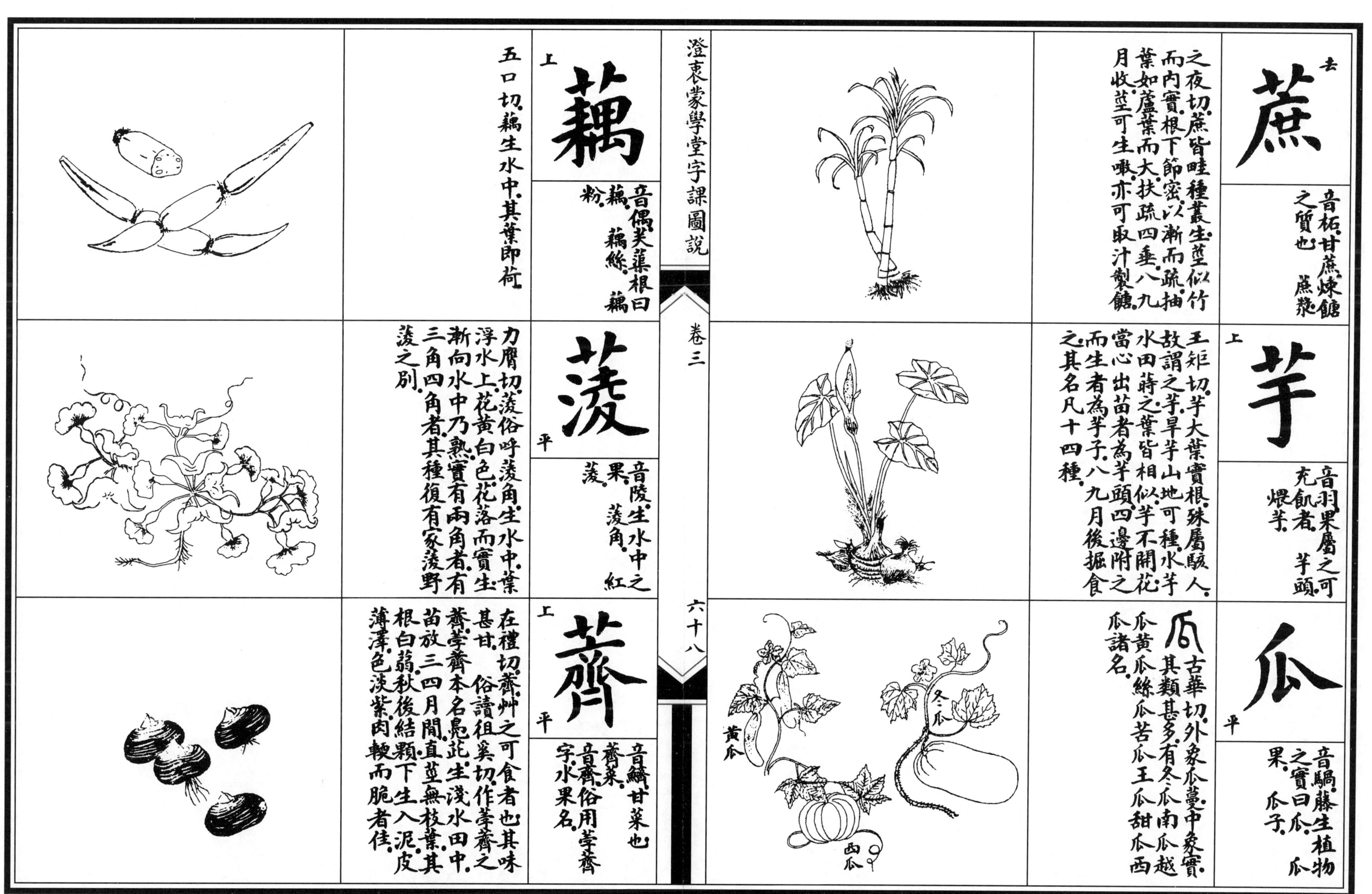

蔗 去

音柘。甘蔗煉餹之質也。蔗漿。

之夜切。蔗皆畦種叢生。莖似竹而內實。根下節密。以漸而疏。抽葉如蘆葉而大。扶疏四垂。八九月收。莖可生噉。亦可取汁製餹。

芋 上

音羽。果屬之可充飢者。芋頭。煨芋。

王矩切。芋大葉實根。殊屬駭人。故謂之芋。旱芋山地可種。水芋水田蒔之。葉皆相似。芋不開花。當心出苗者為芋頭。四邊附之而生者為芋子。八九月後掘食之。其名凡十四種。

瓜 平

音騧。藤生植物之實曰瓜。瓜果。瓜子。

瓜古華切。外象瓜蔓。中象實。其類甚多。有冬瓜、南瓜、越瓜、黃瓜、絲瓜、苦瓜、王瓜、甜瓜、西瓜諸名。

藕 上

音偶。芙蕖根曰藕。藕絲。藕粉。

五口切。藕生水中。其葉即荷。

菱 平

音陵。生水中之果。菱角。紅菱。

力膺切。菱俗呼菱角。生水中。葉浮水上。花黃白色。花落而實生。漸向水中乃熟。實有兩角者。有三角四角者。其種復有家菱野菱之別。

薺 上 平

音鱭。甘菜也。薺菜。音齊。俗用荸薺字。水果名。

在禮切。薺艸之可食者也。其味甚甘。俗讀徂奚切。作荸薺之薺。荸薺本名鳧茈。生淺水田中。苗放三四月間。直莖無枝葉。其根白蒻。秋後結顆。下生入泥。皮薄澤。色淡紫。肉輭而脆者佳。

樹 去

殊。去聲。木本之植物曰樹。樹木。樹藝。

殊遇切。樹，木類之總名。引申為樹藝之樹。又申為樹立之樹。

木 入

音沐。枝幹堅梗之植物曰木。樹木。木星。

莫卜切。植物柔脆者為艸，堅梗者為木。八行星中有木星，為行星之最大者。其全徑約大於地十一倍，全體約大於地一千三百倍。其餘行星若彙為一體，止得木星五分之二。

本 上

奔上聲。木下曰本。木本。本原。

補袞切。本从木，一在其下。艸木之根柢也。本為木之始，故事物之始皆曰本。如原事之始曰本然，豫為後地曰張本之類。俗謂書一冊曰一本，計書以冊，猶計樹以株也。

末 入

瞞。入聲。木上曰末。本末。末藝。

莫葛切。末从木，一在其上。謂木杪也。木之有末，猶人之有四肢，故四肢之疾曰末疾。木杪之於本根，必較薄弱，故稍減其罪曰末減。

根 平

音跟。木本蟠曲於地者曰根。根本。樹根。

古痕切。植物之生，根必先立。根者，發源之始也，故事之始基曰根基，窮事之源流曰根究。

柢 上

音邸。根也。根柢。柢固。

都禮切。花之根曰蒂，木之根曰柢。根柢之柢。引申為凡根本之偁。

株 平

音邾。木根曰株。根株。株連。

追輸切。在土曰根，在土上曰株。一樹必具一根，故計樹之數亦曰株。

枝 平

音支。木別生條也。樹枝。枝節。

章移切。由幹旁生之條曰枝。

柯 平

音歌。枝亦曰柯。柯葉。斧柯。

古俄切。柯，枝莖之異名。斧柄亦曰柯。

梗 上

音鯁。植物之枝曰梗。枝梗。强梗。

古杏切。梗本訓山枌榆也。轉注為枝梗之梗。植物以枝梗柱之，則直而不撓，故謂人剛悍曰强梗。

條 平

音迢。木分枝曰條。柳條。條陳。

田聊切。條自幹發，生理勃然，故曰條暢，亦曰條達。引申為條奏、條例、條陳之條。凡言條者，一一而疏舉之，若木條然。

枚 平

音梅。木枝幹也。條枚。幾枚。

莫杯切。木曰枚，猶竹曰个。引申為枚數之枚。又申為銜枚之枚。

杪（上）

音藐。木末曰杪。樹杪。歲杪。

亡沼切。杪小也。木至末必小。故曰杪。引申之歲月之末亦曰杪。如歲杪月杪之類。

蔭（去）（平）

音廕。林木所庇曰蔭。蔭庇。樹蔭。音陰。義同。

於禁切。蔭草陰地也。樹蔭亦曰蔭。蔭必有影。故蔭亦訓曰影。引申之草木茂盛曰蔭。翳讀於金切。

柴（平）

音近豺。薪之細散者為柴。茅柴。柴扉。

士佳切。柴小木散材也。大者可析謂之薪。小者合束謂之柴。引申謂燔柴之柴。言祭天時積柴而燔之也。柴胡藥名。

叢（平）

族平聲。聚也。叢木。花叢。

徂紅切。叢从丵从聚省會意。故訓聚。引申之草木萃聚之處亦曰叢。

菀（上）（入）

音婉。紫菀菜名。音鬱。草木茂盛曰菀。

於阮切。紫菀其根色紫而柔宛故名。紆勿切。茂盛皃。凡對枯而言皆曰菀。

枯（平）

音刳。槀木也。榮枯。枯窘。

苦胡切。林木已槀為枯。引申之山澤無水亦為枯。古者童枯不稅。童則以山林不茂言也。

松（平）

音淞。木名。青松。松鬚。

詳容切。松為百木之長。松猶公也。故松从公。松樹脩聳多節。其葉後凋。二三月抽甤生花。花蕊為松黃。結實疊成鱗砌。秋老鱗裂。名為松子。松脂又樹之津液精華也。日久變為琥珀。凡老松餘氣結為茯苓。

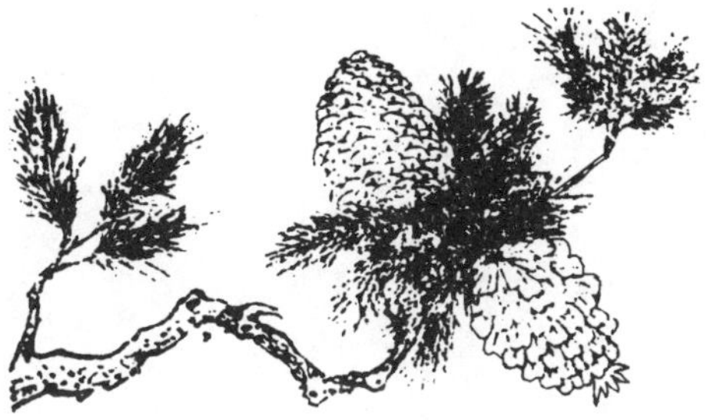

柏（入）

音百。木名。翠柏。柏子。

博陌切。萬木皆向陽。而柏獨西指。蓋陰木而有貞德者。故字从白。白者西方也。柏有數種。入藥惟取葉扁而側生者。故曰側柏。

檀（平）

音壇。木名。檀香。紫檀。

唐闌切。檀堅韌之木。有數種。皮實而色黃者為黃檀。皮潔而色白者為白檀。皮腐而色紫者為紫檀。其木並堅重清香。而白檀尤良。黃檀最香。可作各物。

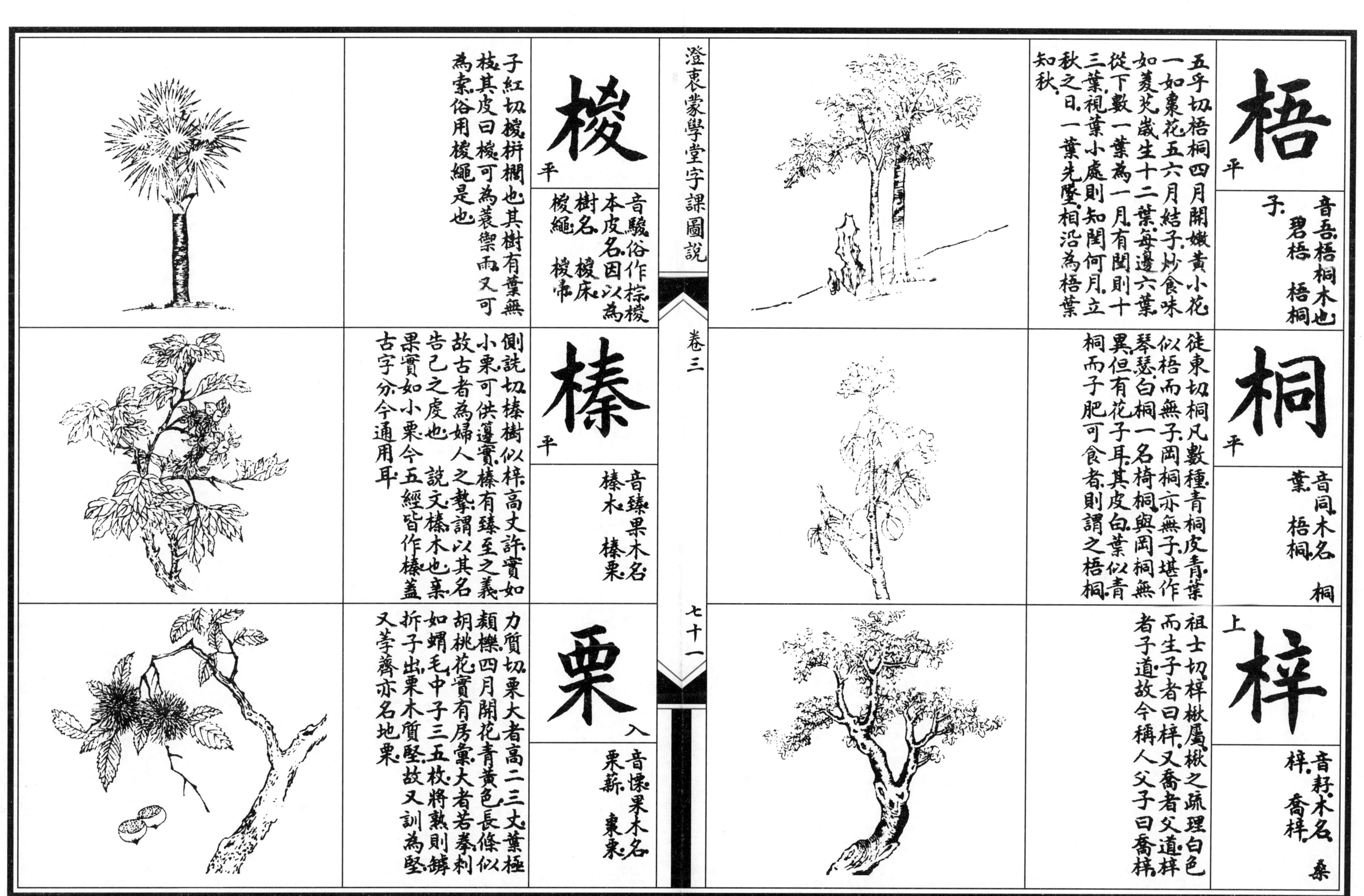

梧

平

音吾。梧桐木也。
子。
碧梧　梧桐

五乎切。梧桐四月開嫩黃小花。一如棗花。五六月結子。炒食味如菱芡。歲生十二葉。每邊六葉。從下數一葉為一月。有閏則十三葉。視葉小處則知閏何月。立秋之日。一葉先墜。相沿為梧葉知秋。

桐

平

音同。木名。　桐
葉。　梧桐。

徒東切。桐凡數種。青桐皮青。葉似梧而無子。岡桐亦無子。堪作琴瑟。白桐一名椅桐。與岡桐無異。但有花子耳。其皮白。葉似青桐而子肥可食者。則謂之梧桐。

梓

上

音籽。木名。　桑
梓。　喬梓。

祖士切。梓楸屬。楸之疏理白色而生子者曰梓。又喬者父道。梓者子道。故今稱人父子曰喬梓。

椶

平

音騣。俗作棕椶。本皮名。因以為樹名。
椶床。
椶繩。　椶帚。

子紅切。椶栟櫚也。其樹有葉無枝。其皮曰椶。可為蓑禦雨。又可為索。俗用椶繩是也。

榛

平

音臻。果木名。
榛木。　榛栗。

側詵切。榛樹似梓。高丈許。實如小栗。可供籩實。榛有臻至之義。故古者為婦人之摯。謂以其名告己之虔也。說文。榛木也。亲。果實如小栗。今五經皆作榛。蓋古字分。今通用耳。

栗

入

音慄。果木名。
栗薪。　棗栗。

力質切。栗大者高二三丈。葉極類櫟。四月開花。青黃色。長條似胡桃花。實有房彙。大者若拳。刺如蝟毛。中子三五枚。將熟則罅拆。子出。栗木質堅。故又訓為堅。又荸薺亦名地栗。

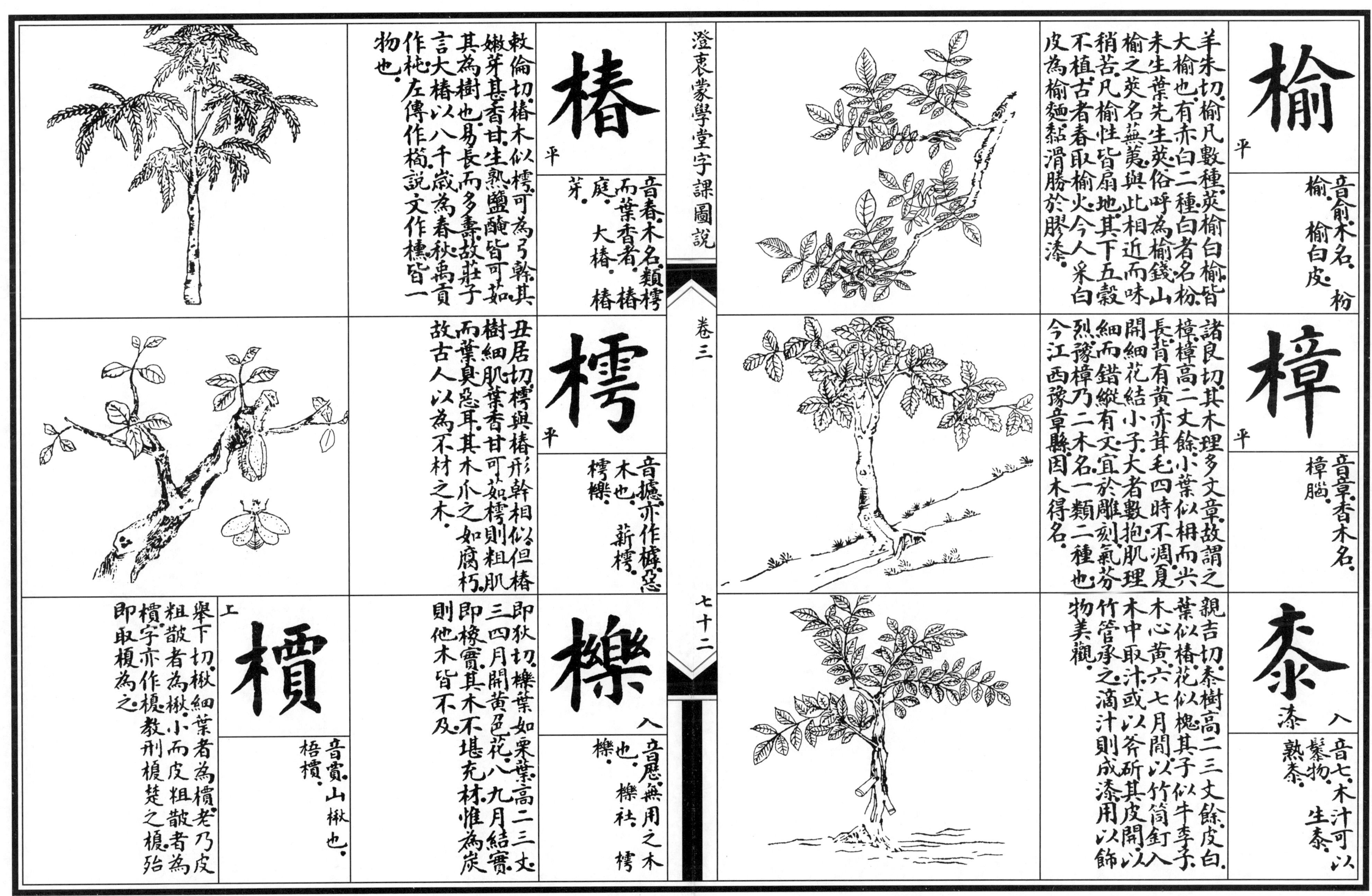

榆 平

音俞。木名。枌榆。榆白皮。

羊朱切。榆凡數種。莢榆白榆皆大榆也。有赤白二種。白者名枌。未生葉先生莢。俗呼為榆錢。山榆之莢名蕪荑。與此相近而味稍苦。凡榆性皆扇地。其下五穀不植。古者春取榆火。今人采白皮為榆麵。黏滑勝於膠漆。

樟 平

音章。香木名。樟腦。

諸良切。其木理多文章。故謂之樟。樟高二丈餘。小葉似楠而尖長。背有黃赤茸毛。四時不凋。夏開細花。結小子。大者數抱。肌理細而錯縱有文。宜於雕刻。氣芬烈。豫樟乃二木名。一類二種也。今江西豫章縣因木得名。

桼 入　漆

音七。木汁可以髹物。生桼。熟桼。

親吉切。桼樹高二三丈餘。皮白。葉似椿。花似槐。其子似牛李子。木心黃。六七月間以竹筒釘入木中取汁。或以斧斫其皮開。以竹管承之。滴汁則成漆。用以飾物美觀。

椿 平

音春。木名。類樗而葉香者。椿庭。大椿。椿芽。

敕倫切。椿木似樗。可為弓榦。其嫩芽甚香甘。生熟鹽醃皆可茹。其為樹也。易長而多壽。故莊子言大椿以八千歲為春秋。禹貢作杶。左傳作橁。說文作櫄。皆一物也。

樗 平

音攄。亦作[illegible]。惡木也。薪樗。樗櫟。

丑居切。樗與椿形幹相似。但椿樹細肌。葉香甘可茹。樗則粗肌而葉臭惡耳。其木爪之如腐朽。故古人以為不材之木。

櫟 入

音歷。無用之木也。櫟社。樗櫟。

郎狄切。櫟葉如栗葉。高二三丈。三四月開黃色花。八九月結實。即橡實。其木不堪充材。惟為炭則他木皆不及。

檟 上

音賈。山楸也。梧檟。

舉下切。楸細葉者為檟。老乃皮粗散者為楸。小而皮粗散者為榎。檟字亦作榎。教刑榎楚之榎。殆即取榎為之。

橡 上

音象。橡木子也。橡實。

徐兩切。橡。櫟實也。櫟有二種。其不結實者名棫。其結實者名栩。橡即其實也。形如荔子核而有尖。其蒂有斗包其半截。其仁如老蓮肉。山人儉歲采以為飯。或擣浸取粉。其殼煮汁。可染皁也。

枏 平 楠

音南。良材之木。楠木。

那含切。枏木生南方。而黔蜀諸山尤多。其樹直上。童童若幢蓋狀。枝葉不相礙。茂似豫章。其葉大如牛耳。一頭尖。經歲不凋。新陳相換。花赤黃色。實似丁香。青不可食。幹甚端偉。高者十餘丈。巨者數十圍。為梁棟器物皆佳。

梅 平

音枚。果木名。青梅。臘梅。

模杯切。梅。杏類。樹葉皆略似杏。葉有長尖。先衆木而花。其實酸。其花有幽香。有冬時即開者。俗謂之臘梅。

杉 平

音衫。本作檆。木名。杉木。

所銜切。檆似松。生江南。可以為船及棺槨。作柱埋之不腐。杉板最耐水。故今人常用以作桶。

椒 平

音焦。辛香之木。椒香。花椒。

即消切。本作茮。椒樹似茱萸。有針刺。葉堅而滑澤。味亦辛香。實皆有梂彙自裹。俗謂之花椒。古者后妃以椒塗壁。稱椒房。取其繁衍多子也。又元旦獻酒祝壽。曰進椒酒。胡椒因其辛辣似椒。故名。實非椒也。

樸 入

音璞。叢生之木。曰樸。棫樸。質樸。

匹角切。樸。木之叢生而未經芟治者。如詩芃芃棫樸是也。故木之不加雕琢者曰樸。引申之。仍其本質皆曰樸。如質樸樸實之類。

棫 入

音域。叢生之木也。棫樸。

越逼切。棫。小木叢生。有刺。實如耳璫。紫赤可啖。

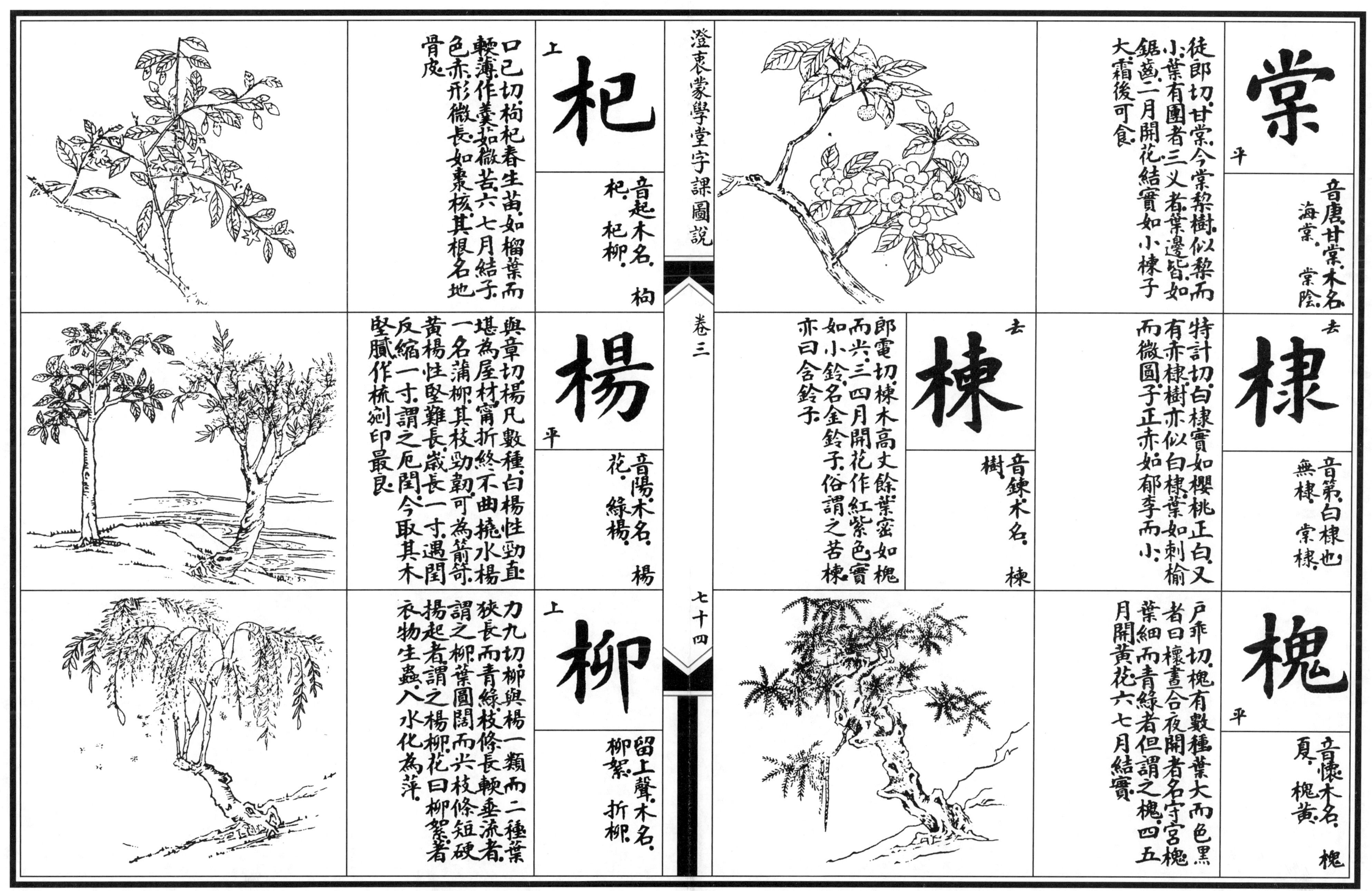

棠 平

音唐。甘棠。木名。海棠。棠陰。

徒郎切。甘棠。今棠梨樹。似梨而小。葉有圓者三叉者。葉邊皆如鋸齒。二月開花。結實如小楝子。大霜後可食。

棣 去

音第。白棣也。無棣。棠棣。

特計切。白棣實如櫻桃。正白。又有赤棣樹。亦似白棣。葉如刺榆而微圓。子正赤。如郁李而小。

楝 去

音鍊。木名。楝樹。

郎電切。楝木高丈餘。葉密如槐而尖。三四月開花。作紅紫色。實如小鈴。名金鈴子。俗謂之苦楝。亦曰含鈴子。

槐 平

音懷。木名。槐夏。槐黃。

戶乖切。槐有數種。葉大而色黑者。曰櫰。晝合夜開者。名守宮槐。葉細而青綠者。但謂之槐。四五月開黃花。六七月結實。

杞 上

音起。木名。枸杞。杞柳。

口已切。枸杞春生苗。如榴葉而輭薄。作羹茹。微苦。六七月結子。色赤。形微長。如棗核。其根名地骨皮。

楊 平

音陽。木名。楊花。綠楊。

與章切。楊凡數種。白楊性勁直。堪為屋材。甯折終不曲撓。水楊一名蒲柳。其枝勁韌。可為箭笴。黃楊性堅難長。歲長一寸。遇閏反縮一寸。謂之厄閏。今取其木堅膩。作梳剜印最良。

柳 上

留上聲。木名。柳絮。折柳。

力九切。柳與楊一類而二種。葉狹長而青綠。枝條長輭垂流者。謂之柳。葉圓闊而尖。枝條短硬揚起者。謂之楊。柳花曰柳絮。著衣物生蟲。入水化為萍。

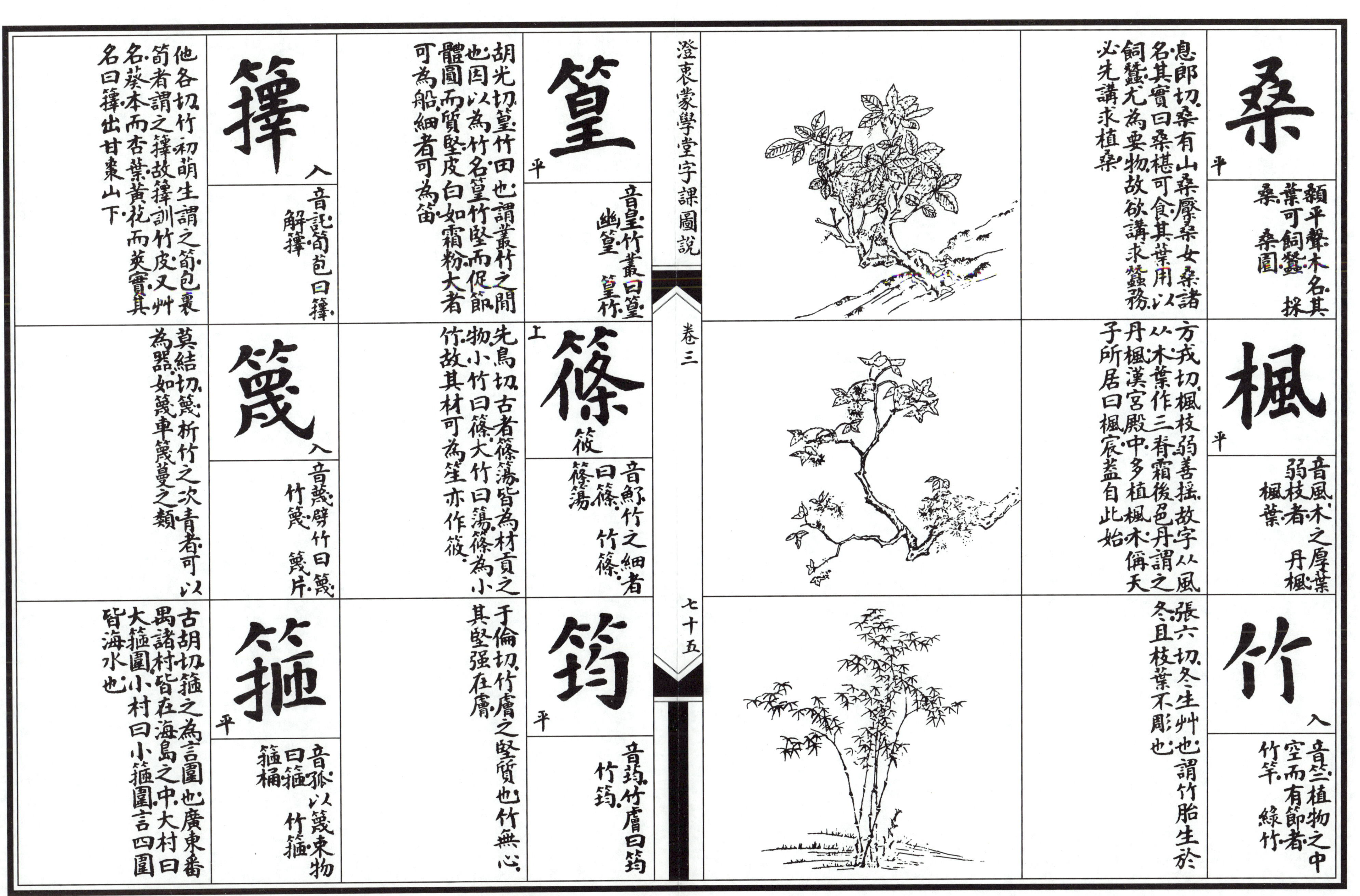

桑 平

顙平聲。木名。其葉可飼蠶。採桑。桑園。

息郎切。桑有山桑、檿桑、女桑諸名。其實曰桑椹，可食。其葉用以飼蠶，尤為要物。故欲講求蠶務，必先講求植桑。

楓 平

音風。木之厚葉弱枝者。丹楓。楓葉。

方戎切。楓枝弱善搖，故字从風从木。葉作三脊，霜後色丹，謂之丹楓。漢宮殿中多植楓木，備天子所居，曰楓宸，蓋自此始。

竹 入

音竺。植物之中空而有節者。綠竹。竹竿。

張六切。冬生艸也。謂竹胎生於冬，且枝葉不彫也。

篁 平

音皇。竹叢曰篁。幽篁。篁竹。

胡光切。篁，竹田也。謂叢竹之間也。因以為竹名。篁竹堅而促節，體圓而質堅，皮白如霜粉，大者可為船，細者可為笛。

篠 上（筱）

音鮹。竹之細者曰篠。竹篠。篠簜。

先鳥切。古者篠簜皆為材貢之物。小竹曰篠，大竹曰簜。篠為小竹，故其材可為笙。亦作筱。

筠 平

音均。竹膚曰筠。竹筠。

于倫切。竹膚之堅質也。竹無心，其堅強在膚。

籜 入

音託。筍苞曰籜。解籜。

他各切。竹初萌生謂之筍，包裹筍者謂之籜，故籜訓竹皮。又艸名，葵本而杏葉，黃花而莢實，其名曰籜，出甘棗山下。

篾 入

音蔑。劈竹曰篾。竹篾。篾片。

莫結切。篾，析竹之次青者，可以為器，如篾車、篾蔓之類。

箍 平

音孤。以篾束物曰箍。竹箍。箍桶。

古胡切。箍之為言圍也。廣東番禺諸村皆在海島之中，大村曰大箍圍，小村曰小箍圍，言四圍皆海水也。

禽

平

音琴。二足而羽謂之禽。　禽獸　飛禽。

渠今切。禽皆卵生，體質甚輕，骨空無髓，血亦紅熱，心具四孔，呼吸亦主乎肺，居則巢窟，食則動植物為多，或善飛，或善走，或善鳴，或善泅，有形異而性同者，有性異而形同者，産處不一，各有方名。段借為擒獲之擒。

鸞

平

音鑾。俊鳥也。　鸞鳳。

盧官切。鸞狀如翟，其色赤，其紋具五采，鳴中五音，世不恒見，蓋古有今無之鳥也。

鳳

去

音奉。瑞應鳥也。　鳳凰　采鳳。

馮貢切。鳳，靈鳥，雞頭，蛇頸，燕頷，龜背，魚尾，文具五采，統觀之則類鶴形，古有今無之鳥也。雄者曰鳳，雌者曰凰。

凰

平

音黃。鳳之雌者曰凰。　鳳凰。

胡光切。

鶴

入

音涸。水鳥之大者。　仙鶴　白鶴。

曷各切。鶴似鵠，長頸高脚，丹頂白身，澉尾有黑羽，以夜半鳴，聲聞八九里。又鶴與翯同。詩大雅白鳥翯翯，孟子作鶴鶴。

雀

入

音爵。小鳥之總名。　鳥雀。

即約切。小鳥中如黃雀、麻雀、翠雀，皆名曰雀。又孔雀為翟類之一，首尾共長五尺，屏毛甚修，毛端有采圈如目，與人爭豔則開屏如扇，雌者無屏而小，其聲皆惡，育之花園以供觀瞻。

鵬

平

音朋。鳳類也。　大鵬鳥　鵬程。

蒲登切。鯤化為鳥，其名曰鵬。

鳥

上

音蔦。長尾禽之總名。　鳥獸　飛鳥。

丁了切。禽統二翼二足者言之，鳥則統禽之長尾者言之也。鳥之雌雄不易別，當視其翼，右掩左者為雄，左掩右者為雌。又朱鳥，東方七宿名。

鷹 平

音膺。鷙鳥也。飛鷹。鷹擊。

於陵切。鷹。食肉之鳥。體俏拔長。便飛善視。嘴爪尖利而勾。最大者名金拔鷹。身長三尺。巢石山上。能攫棉羊小獸而食之。其次獵鷹。馴之藉以捕鳥。今常見者曰鷂鷹。善捕小雀雛雞蝦蟆之屬。

鴻 平

音洪。雁之大者曰鴻。鴻鵠。鴻運。

胡公切。天鵝也。大曰鴻。小曰雁。又通作洪。大也。又蠛蠓曰蜚鴻。

雁 去 鴈

音贗。節鳥也。雁鵝。孤雁。

魚澗切。雁知時鳥。亦名陽鳥。大夫以為贄。婚禮親迎有奠雁之儀。重其不再偶也。又雁門關在今山西甯武府。

鴇 上

音寶。一名獨豹。鴇行。鴇母。

博皓切。鴇似雁而無後趾。故不樹止。毛有豹文。故亦名獨豹。飛時亦有行列。居則無別。故娼家之主母。俗名鴇母。

雕 平

音貂。鷙鳥之大者。雕翎扇。皂雕。

丁聊切。肉食之鳥。其種不一。大都皆頭禿。嘴勾。眼利。爪短。巢於巖石。無論腐屍活獸。皆攫而食之。鼻出惡味。以其多食惡物也。頸下有長毛者曰鬍子雕。頭項有白毛者曰白頭雕。羽有芝麻班者曰芝麻雕。又雕琢玉也。

鴟 平

音摛。俗名鴟鴞為貓頭鷹。鴟鴞。餓鴟。

稱脂切。惡鳥也。晝藏夜出。捕鳥鼠等為食。其聲甚惡。聞者惡之。又蹲鴟。芋也。鴟夷。革囊也。

鴞 平

音猇。俗名貓頭鷹。鴟鴞。

于嬌切。鴟鴞也。鴞有百五十餘種。大約頭大。嘴利。眼圓。體豐。首有卓羽如貓耳。晝伏夜出。於黑暗中捕雛鳥稚兔而食之。其聲甚惡。聞之者以為不祥。青鴞味美。可作羹臛。

梟 平

音驍。怪鴟也。梟雄。梟首。

堅堯切。不孝鳥也。其子長大。還食其母。黃帝欲絕其類。使百吏用之以祀。故凡誅戮有罪。懸首木上。謂之梟首。又與驍通。如梟雄之梟是。又蒲摴之采也。幺為梟。六為盧。得梟者勝。

鵠 入

音翯。俗名天鵝。鴻鵠。
音牯。矢的也。正鵠。

胡沃切。鴻也。其聲鵠鵠。故名。姑沃切。射之準也。畫布曰正。棲皮曰鵠。

鳧 平

音扶。俗名野鴨。水鳧。

逢夫切。水禽也。家鴨曰鴨。野鴨曰鳧。

鷺 去

音路。俗名鷺鷥。白鷺。

魯故切。林棲水食之鳥。羣飛成序。羽白。腿長。細頸尖嘴。首有長毛十數莖。毵毵然如絲。欲取魚。則其絲即弭。名曰絲禽。

鷗 平

音謳。水鴞也。白鷗。水鷗。

烏侯切。敺魚鳥也。色灰白不一。頭大。嘴直闊腹短尾。浮沈水面。輕漾如漚。故名。

鳸 上 扈

音戶。鷃雀曰鳸。跋扈。桑鳸。

後五切。鳸類不一。春鳸曰鳻鶞。夏鳸曰竊玄。秋鳸曰竊藍。冬鳸曰竊黃。桑鳸曰竊脂。棘鳸曰竊丹。行鳸曰唶唶。宵鳸曰嘖嘖。皆因其毛色音聲以為名也。鳸亦作扈。扈皆長尾。故百官尾從君後。謂之扈從。引申為跋扈之扈。

鳩 平

九平聲。俗名班鳩。

居尤切。鶻鵃也。似山鵲而小。短尾。青黑色。甚拙。不能為巢。而喜羣聚。故凡工之所聚曰鳩工。

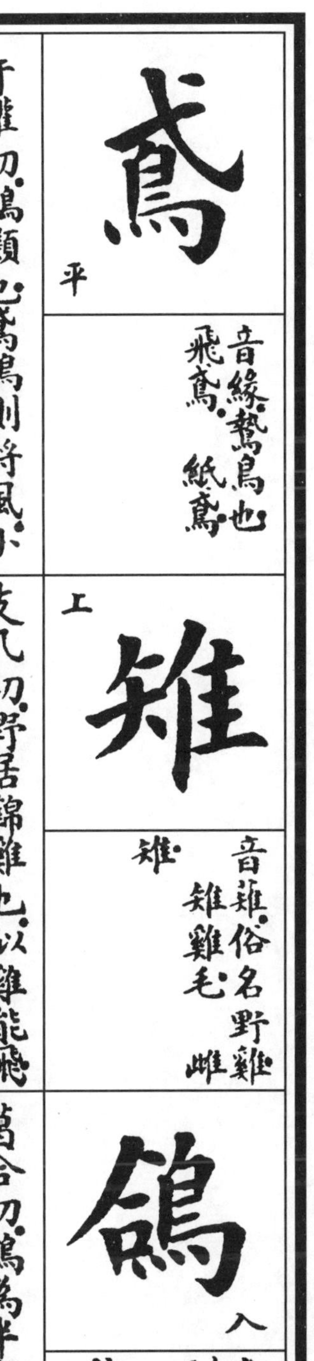

鳶 平

音緣。鷙鳥也。飛鳶。紙鳶。

于權切。鴟類也。鳶鳴則將風。小兒翦紙引絲而上，謂之紙鳶，亦名風箏。當其仰首視鳶，可令張口以洩內熱。又墨子削木為鳶，成而能飛，其技今無傳者。

雉 上

音薙。俗名野雞。雉雞毛。雌雉。

丈几切。野居錦雞也。似雞，能飛，文具五采。雄者尾長而豔，雌者較小，常巢麥田間，其味甚美。漢避高后諱，更名野雞，今仍之。

鴿 入

音閤。鳩屬之易馴者。俗名鵓鴿。鵓鴿票。放鵓鴿。

葛合切。鴿為半家半野之禽，馴則如雞，飛則如雀。性和順，喜羣居，食惟五穀。波斯多養之，因其飛行數千里，能傳平安信也。今軍中亦有育之以傳軍信者。

鸚 平

音甖。鸚鵡，能言鳥也。鸚母。

以嬰切。鸚鵡產隴西及南洋諸島，最大者首尾共長四尺，最小者長五寸。今常見者大如鴿，毛色或白或赤或青或五采，嘴勾而有力，善攀援，性好樹止，能效人言。熱則喜浴易睡。凡鳥皆四趾，三趾向前，一趾向後，惟鸚鵡兩趾向後。

鵡 上

音武。

罔甫切。

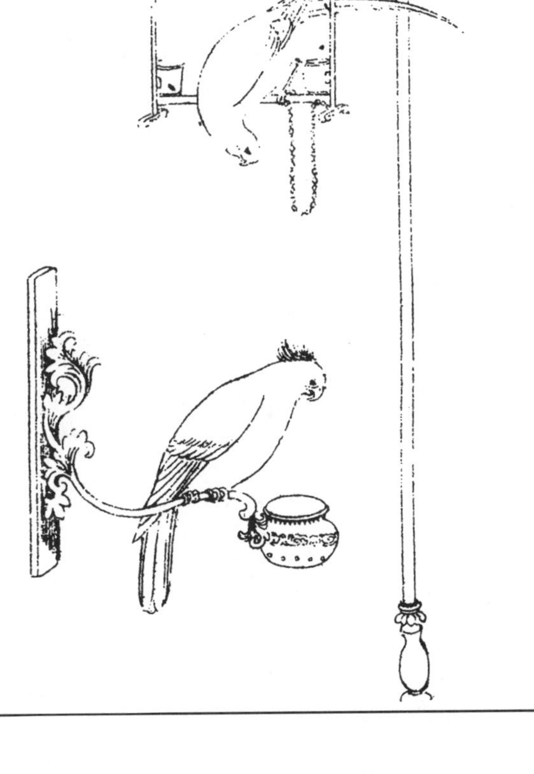

鶉 平

音湻。俗名鵪鶉。鶉羹。

殊倫切。雞屬。大如雞雛，頭小而無尾，身有斑點，雄者足高，雌者足卑。性善鬬，游民多育之以博勝負。又星名，南方朱鳥七宿曰鶉首、鶉火、鶉尾。

鶯 平

音嬰。鳥之善鳴者。 黃鶯。 鶯梭。

烏莖切。黃鶯即黃鸝。鳴鳥也。身俏尾長。毛色黃黎。故因以為名。又有倉庚、摶黍、黃鳥、金衣公子等名。亦作鸎字。

鸝 平

音離。

離知切。

烏 平

音污。鴉之孝者。今統名為烏鴉。

汪胡切。孝鳥也。不純黑不反哺者為雅。白項而羣飛者為時雅。大而純黑反哺者為烏。引申之。凡淺黑色皆曰烏。又烏呼之烏與嗚通。烏有之烏與無通。皆一聲之轉也。

鷙 去

音至。擊殺鳥也。 鷹鷙。

支義切。猛鳥也。又凡鳥之勇、獸之猛者皆曰鷙。亦作摯。

雅 上 平

鴉

音椏。烏之小者。今統名為烏雅。 音庌。文采可觀曰雅。 風雅。

於加切。純黑反哺者為烏。小而不純黑不反哺者為雅。非洲有禿雅。頭項俱禿。歐洲雅能效人語一二句。其頭上毛能自開闔者曰松雅。 語下切。雅者。正也。詩有大雅小雅。皆正樂之歌也。引申為儒雅之雅。

鵲 入

音碏。俗名喜鵲。 鵲噪。

七約切。鵲大如雅而長尾。尖喙黑爪。黝背白腹。其音唶唶。故名曰鵲。季冬始巢。其性好潔。鳩奪其巢而遺矢於中。則鵲不往。又扁鵲。人名。古之善醫者。鵲亦作䧿。

燕 去 平

音宴。冬去春來之鳥也。 飛燕。 音煙。 幽燕。

伊甸切。玄鳥也。擻長而歧尾。尾如開翦。銜泥巢於梁間。復來則仍其舊巢。其鳴甚碎。亦通作宴。 因肩切。國名。周封召公於燕。在今直隸省。故今沿稱直隸為燕。

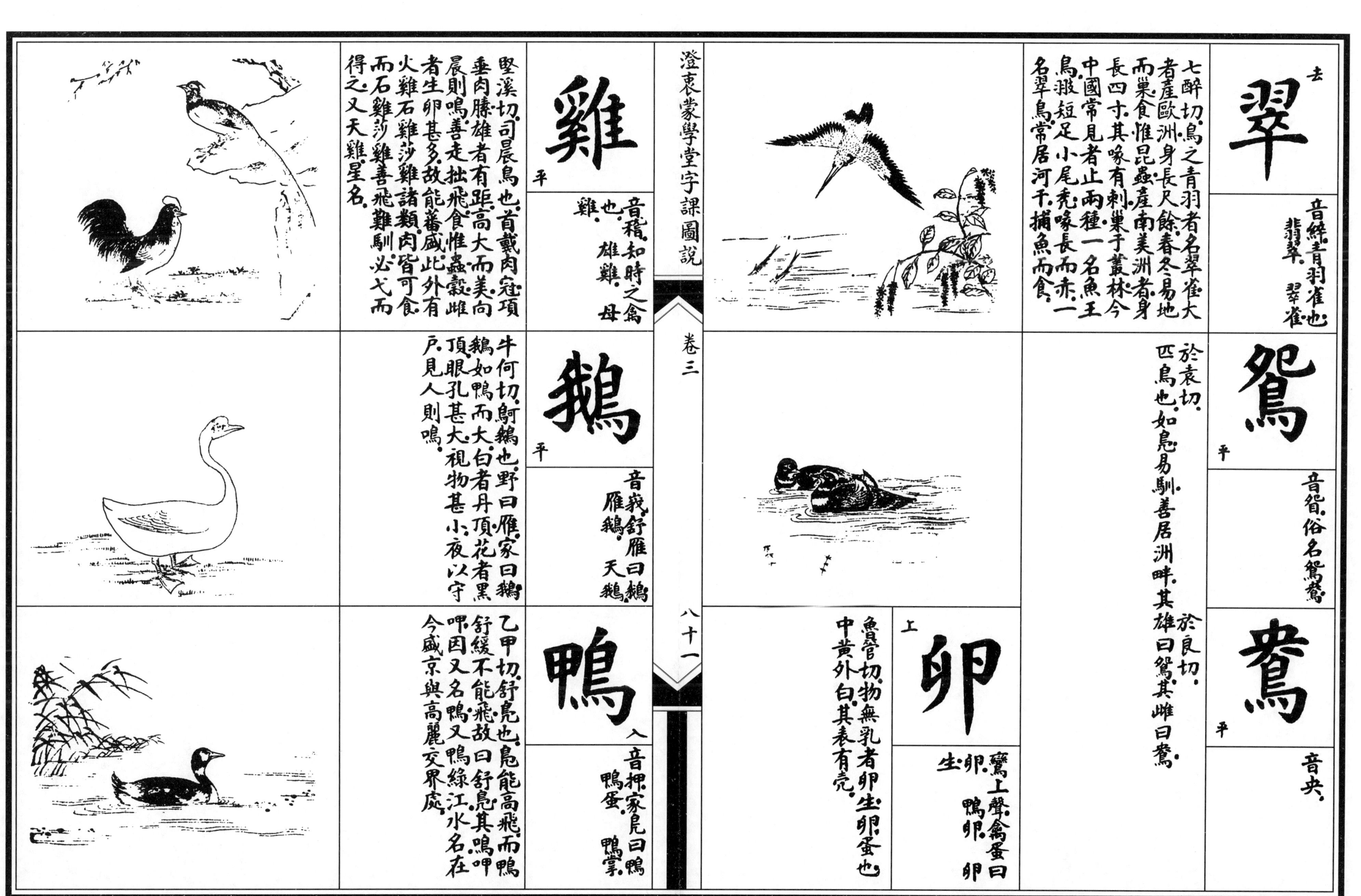

翠 去

音綷 青羽雀也 翡翠 翠雀

七醉切 鳥之青羽者名翠雀 大者產歐洲 身長尺餘 春冬易地而巢 食惟昆蟲 產南美洲者 身長四寸 其喙有刺 巢于叢林 今中國常見者止兩種 一名魚王鳥 瘕短足小尾 秃喙長而赤 一名翠鳥 常居河干 捕魚而食

鴛 平

音智 俗名鴛鴦

於袁切 四鳥也 如鳧易馴 善居洲畔 其雄曰鴛 其雌曰鴦

鴦 平

音央

於良切

卵 上

鸞上聲 禽蛋曰卵 鴨卵 卵生

魯管切 物無乳者卵生 卵蛋也 中黃外白 其表有壳

雞 平

音稽 知時之禽也 雄雞 母雞

堅溪切 司晨鳥也 首戴肉冠 項垂肉縢 雄者有距 高大而美 向晨則鳴 善走拙飛 食惟蟲穀 雌者生卵甚多 故能蕃盛 此外有火雞 石雞 沙雞諸類 肉皆可食 而石雞沙雞善飛難馴 必弋而得之 又天雞 星名

鵝 平

音莪 舒雁曰鵝 雁鵝 天鵝

牛何切 鴚鵝也 野曰雁 家曰鵝 鵝如鴨而大 白者丹頂 花者黑頂 眼孔甚大 視物甚小 夜以守戶 見人則鳴

鴨 入

音押 家鳧曰鴨 鴨蛋 鴨掌

乙甲切 舒鳧也 鳧能高飛 而鴨舒緩不能飛 故曰舒鳧 其鳴呷呷 因又名鴨 又鴨綠江 水名 在今盛京與高麗交界處

雌 平

音妻。鳥之牝者曰雌。雌雄。雌黃。

七移切。鳥母也。鳥翼左掩右為雌。

雄 平

音熊。鳥之牡者曰雄。雌雄。英雄。雄黃。

胡弓切。鳥父也。鳥翼右掩左為雄。鳥父有英勃之象，故引申為英雄之雄。

鳴 平

音明。俗稱鳥叫曰鳴。雞鳴。鳴鼓。

眉兵切。鳥聲也。專言之則鳥聲成文謂之鳴。泛言之則凡出聲皆曰鳴。引申為鳴鑼、鳴冤之鳴。

羽 上

音禹。鳥之長毛曰羽。羽毛。羽翼。

王矩切。象鳥翍形。彡則所謂六翮者也。翮所以翼身，又以故凡人之相護者曰羽翼。又以鳥飛最速，故檄文以羽插其上，亦稱羽檄。又染之以飾旌旗及王后之車。今西女亦有以羽飾帽者。

翍 去 翅

音翅。鳥翼曰翍。魚翍。

施智切。大鳥之翼曰翮，小鳥之翼曰翍。叚借為啻。如異翍食重之翍是。

翮 入

音覈。大鳥之翼曰翮。六翮。

下革切。翮者羽也。專言之為羽莖。泛言之為羽翼。

翼 入

音弋。鳥翍曰翼。羽翼。

逸職切。翼者翅也。鳥賴以飛，轂賴以覆，故引申為輔翼之翼。凡鳥舒翼張拱端好，有恭敬之象，故又申為嚴翼之翼。

翹 平

音翹。雀屏曰翹。翹首。

祁堯切。鳥尾長毛也。叚借為趬。如翹足、翹企之翹是。

飛 平

音非。張翼而舉謂之飛。鳥飛。飛禽。

匪微切。鳥翥也。象張翼之形。

翥 去

音[illegible]。高飛曰翥。鳳翥。

章恕切。舉飛也。

翔 平

音詳。飛不搖翼曰翔。翱翔。

徐羊切。飛鳥盤旋于空際，而翍不動者謂之翔。翔有遨遊之象，故喻遨遊曰翱翔。

習 入

音襲。鳥數飛曰習。習學。習氣。

席入切。鳥迴飛而不搖其翍者曰翔，直飛而數搖其翍者曰習。數動不休也。故引申為習學之習。

獸 去

音狩。四足而毛謂之獸。禽獸。走獸。

舒救切。獸皆胎生。四足附地。亦具肝膽脾肺心腎腸胃。其首常俯。故靈不如人。有樂羣者。有害羣者。有肉食者。有芻食者。居則山林水陸不一。各隨其所好。壯者肥大。力亦較猛。產處不一。各有方名

麒 平

音其。仁獸也。麒麟。

麟 平

音鄰。

渠宜切。力珍切。麒麟。大麕也。麕身牛尾馬蹄狼額。一角五采。腹下黃。高丈二。牡者曰麒。牝者曰麟。蓋古有今無之獸。

犧 義 平

音義。宗廟之牲也。犧牲。

虛宜切。饗神之牲。色純曰犧

牲 平

音生。家畜也。犧牲。

師庚切。禽獸之用諸神者曰牲。六牲。馬牛羊雞犬豕也。

虎 上

音滸。山獸之君。老虎。虎豹。

火五切。猛獸也。其狀如貓。較獅略瘦。毛黃而間黑文。腹白爪利。尾長而有力。性不喜殺。飢則迫而傷人。產東半球之熱道。

豹 去

音爆。似虎圓文。金錢豹。

布校切。貓屬。微小於虎。毛赤而文黑者。謂之赤豹。毛白而文黑者。謂之白豹。毛黃而有圓斑者。曰金錢豹。毛黑者曰玄豹。似鹿豹文者曰鹿豹。鹿豹高一丈八尺。毛短尾尖。其腿前高後卑。膽小而善走。食惟樹葉草菜。

獅 平

音師。狻猊也。獅子。九獅圖。

霜夷切。貓屬。似虎而大。色灰。有鬚髯。駿鬣。尾端茸毛甚厚。怒則威在齒。喜則威在尾。每一吼則百獸辟易。母獅無駿。體略小。馴之可令串戲。產非洲亞洲熱處。

象 上

詳上聲，長鼻大獸也。 白象。 象牙。

似兩切，象，厚皮獸之一，身高丈餘，體大毛疎，鼻長及地，可以拾芥，口角露大牙二，能敵兵具，土人畜之，以代牛馬，產非洲者，頭圓耳大，其聰明不若亞洲者，又物相肖曰象，佛教即曰象教，因其奉佛象也。

犀 平

音西，俗名犀牛。

先齊切，兕也，狀如水牛，皮厚而堅，足有三趾，其性喜水，食惟蔬艸，產非洲者生二角，一角在鼻，一角在頂，產亞洲者止有一角，生鼻端，性與非洲者同。

兕 上

音祀，亞洲之犀曰兕。 兕牛。

序姊切，一角獸也，其狀似牛，一角在鼻，長者三尺餘，形如馬鞭柄，足有三趾，青色，體重千斤，性喜水，其皮堅韌，可以製甲。

熊 平

音雄，豕類之肉食者。 狗熊。 熊皮。

胡弓切，熊似豕而大，約有十餘種，夜出晝藏，足有五趾，後足能起立如人狀，且善攀樹，有椶黑白三色，獲其幼者亦能馴養，今常見者為狗熊，白者產北冰洋，能浮水捕魚獺以為生，其皮厚暖，人多貴之。

猨 平 猿

音袁，猴之長臂善攀者為猨。 猨猴。

于元切，猿本猴屬，擇其善攀者別以名也，產西半球者，體瘦臂長，便攀好嘯，手無拇指，頰無嗛袋，有攀猨，雄聲猨，捲尾猨，跳舞猨等名，皆能立行如人狀，產南越者名長肱烏猨，膽小而馴，無甚聰性。

猴 平

音侯，象人之獸也。 猨猴。 猴子。

呼溝切，猴分二大種，生東半球者，其鼻如人，腮有嗛袋，臀多無毛，產西半球者，鼻如犬馬，尾長，便攀援，掌如人手，間有無拇指者，最大者產非洲，身高五尺，聲大如雷，最小者產美洲，身高六寸，間有教之串戲或隨獵者。

畜 入

音觸，家中所養禽獸也。 六畜。 音旭。 積畜。

昌六切，禽獸畜於家者曰畜，宰而用諸祀者曰牲，六畜，馬牛羊雞犬豕也。 許六切，養也，貯也。

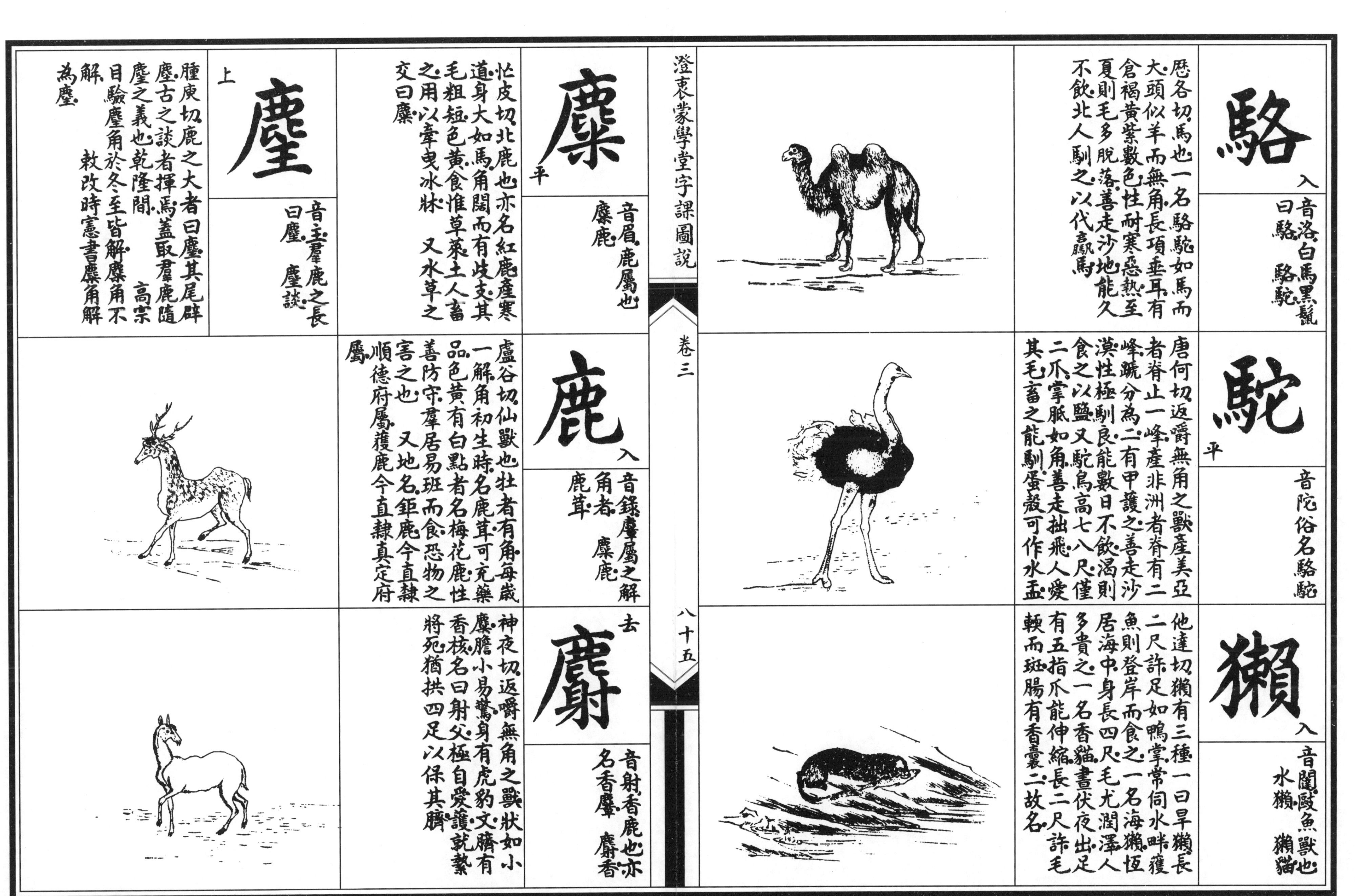

駱 入

音洛。白馬黑鬣曰駱。駱駝。

歷各切。馬也。一名駱駝。如馬而大。頭似羊而無角。長項垂耳。有倉褐黃紫數色。性耐寒惡熱。至夏則毛多脫落。善走沙地。能久不飲。北人馴之。以代[illegible]馬。

駝 平

音陀。俗名駱駝。

唐何切。返嚼無角之獸。產美亞者。脊止一峰。產非洲者。脊有二峰。蹠分為二。有甲護之。善走沙漠。性極馴良。能數日不飲。渴則食之以鹽。又駝鳥高七八尺。僅二爪。掌胝如角。善走拙飛。人愛其毛。畜之。能馴。蛋殼可作水盂。

獺 入

音闥。齧魚獸也。水獺。獺貓。

他達切。獺有三種。一曰旱獺。長二尺許。足如鴨掌。常伺水畔。獲魚則登岸而食之。一名海獺。恆居海中。身長四尺。毛尤潤澤。人多貴之。一名香貓。晝伏夜出。足有五指。爪能伸縮。長二尺許。毛輭而斑。腸有香囊二。故名。

麋 平

音眉。鹿屬也。麋鹿。

忙皮切。北鹿也。亦名紅鹿。產寒道。身大如馬。角闊而有歧支。其毛粗短。色黃。食惟草萊。土人畜之。用以牽曳冰牀。又水草之交曰麋。

鹿 入

音錄。麞屬之解角者。麋鹿。鹿茸。

盧谷切。仙獸也。壯者有角。每歲一解。角初生時。名鹿茸。可充藥品。色黃有白點者名梅花鹿。性善防守。羣居易班而食。恐物之害之也。又地名。鉅鹿。今直隸順德府屬。獲鹿。今直隸真定府屬。

麝 去

音射。香鹿也。亦名香麞。麝香。

神夜切。返嚼無角之獸。狀如小麞。膽小易驚。身有虎豹文。臍有香核。名曰射父。極自愛護。就縶將死。猶拱四足以保其臍。

麈 上

音主。羣鹿之長曰麈。麈談。

腫庾切。鹿之大者曰麈。其尾辟麈。古之談者揮焉。蓋取羣鹿隨麈之義也。乾隆間。高宗目驗麈角於冬至皆解。麋角不解。敕改時憲書麋角解為麈。

猩 平

音星。猴屬之能言者。猩猩。

桑經切。猩猩猴身人面。能效人言。生婆羅洲及蘇門答臘。獲其幼者亦能馴養。且知愛其主人。其血染物。經久不變。俗稱猩紅。

豺 平

音儕。俗名豺狼。

牀皆切。豺野狗之屬。性貪殘。其狀如狗。尾長而不捲。色黃頰白。吠聲如哭。羣聚而出。獲獸以食。飢則迫人。

狼 平

音郎。俗名豺狼。

魯當切。豺屬。其狀如犬。銳頭白頰。高前廣後。色青。聲沸。尾垂不舉。多疑善顧。出則與狽為羣。其性殘忍而貪。食人獸無饜。故世有狼貪狼戾狼狽為奸之喻。

貍 平

音釐。俗名野貓。貍貓。

陵之切。伏獸。似貙。其種甚多。大小如狐。毛雜黃黑。有斑。如貓而圓頭大尾者為貓貍。有斑如貙虎而尖頭方口者為虎貍。似虎貍而尾有黑白錢文相間者為九節貍。有文如豹而作麝香氣者為香貍。貍俗作狸。

狐 平

音胡。妖獸也。俗名狐狸。

洪孤切。犬屬也。五洲皆有。高不滿尺。長約尺餘。嘴尖耳小。尾豐毛厚。晝藏夜出。盜食家禽小畜。死則首邱。其性狡而多疑。又善媚人。故世有狐疑狐媚之喻。

貂 平

音雕。北境仁鼠也。貂鼠。貂褂。

丁聊切。水狼之屬。較大於鼠。有灰紫兩種。紫者為貴。產朔北。性仁。見人僵卧雪中。則羣至偎坿之。於是被獲。後漢侍中中常侍加黃金璫坿蟬為文。貂尾為飾。今內外官非三品不得服貂。翰林軍機處入值皆可服。

兔 去

音吐。鼠屬之缺脣者。白兔。兔窟。

土故切。兔大如貓。其形似鼠。目紅牙闊。其足前卑後高。口缺鬚長。耳大而銳。尾卓而扁。毛短色白或褐。食果蔬。易馴養。產歐亞二洲。而奧大利亞尤多。

夔　平

音逵　獸也　夔龍　夔夔

渠為切。夔如龍。魯人以為木石之怪。又夔夔，齋慄皃。

豸　上

音務。一角羊也。獬豸冠。音坻。蟲無足曰豸。蟲豸。

丈蟹切。與廌通。直獸也。似羊一角。皐陶治獄，令觸不直者。又池爾切。蟲無足曰豸。引申之，凡獸伏行如貓捕鼠者亦曰豸。

驥　去

音冀。俗名千里馬。驥尾。

凡利切。良馬也。驥能行遠，故隨其後者謂之附驥。

駿　去

音俊。馬之美稱。駿馬。八駿。

祖峻切。馬之良材也。叚借為陖。陖，大也。又與俊同。

馬　上

音麻上聲。硬蹄無角之獸，可以服乘者。馬車。駿馬。

母下切。乘畜也。八尺以上為龍，七尺以上為騋，六尺以上為馬。顏色不一，鬃鬣甚長，善奔走，性馴良，食惟草穀，可使負物牽車耕田運磨。質隨產地而異，性亦不同，如花條馬之類，即不易馴養。又空中浮氣曰野馬。

駒　平

音拘。幼馬曰駒。龍駒。駒馬。

茶于切。二歲馬也。六尺以上曰馬，五尺以上曰駒。

騮　平

音留。馬之赤身黑鬣者。紫騮。驊騮。

力求切。驊騮，良馬名也。

驪　平

音離。黑駿曰驪。盜驪。

鄰知切。周穆王八駿有盜驪。盜驪，竊驪也。竊，淺青色。驪，純黑色。又驪山，在古驪戎。

駑　平

音奴。最下之馬曰駑。駑馬。

農都切。馬頓劣也。凡馬給宮中之役者曰駑。駑駘，皆下乘之謂。

牛 平

齵平聲。服耕之畜也。 黃牛。 水牛。

語求切。大牲也。后稷之孫叔均始用以耕。其肉其乳皆可食。壯者大而且猛。產印度及非洲者。脊有一峰如駝。其色黃白黑花不等。產歐亞之水牛。毛色灰黑。角長腿粗。其力尤大。野者性喜羣居。不易馴養。

犢 入

音獨。幼牛曰犢。 禽犢。

徒谷切。牛子也。

羔 平

音高。幼羊曰羔。 羔羊。 羔皮。

居勞切。羊子也。羣而不失其類。故周制以為卿之贄。

羊 平

音陽。孝獸也。 牛羊。 小羊。

移章切。六牲之一。似鹿而馴。食惟草菜。毛捲尾大者為綿羊。毛直尾小者為山羊。色黑白不一。皮可為裘。毛可織布。骨可煉燐。肉可為脯。乳可食孩。中國北方及西人畜之。動以數千頭計。能認其主而不失其羣。

驢 平

音盧。似馬長耳謂之驢。 黑驢。

淩如切。驢低於馬。耳則較大。長頰廣額修尾。有褐白黑花諸色。以午及五更初而鳴。人多畜之以代驘馬。食惟草菜菽麥。五洲皆產。大小不一。

驘 騾 平

音摞。驢馬子也。 馬驘。 騾車。

盧戈切。同騾。驢其父。馬其母者為驘。驘似驢而健。驢力在髀。驘力在腰。乘者隨其力進退之。

犬 上

音圈。狗之有懸蹏者曰犬。 犬豕。 犬馬。

苦𦗃切。狗犬通名。若分而言之。則大者犬。小者狗。犬有三種。一田犬。二吠犬。三食犬。家養者尾皆上捲。野者則否。

狗 上

音茍。服守之畜也。 獵狗。 狗彘。

居后切。義獸也。其類甚多。大者為犬。今通稱為狗。獵狗。腿高力細。毛堅善走。守家狗。耳尖毛粗善吠。玩狗小俏而靈。救生狗。頸繫藥瓶。巡行雪中。行人凍僵者。聞其聲。取其藥服之。即能稍緩其死。以待狗反報其主而救之。

獒 平

音敖。狗四尺為獒。 大獒。

牛刀切。猛犬也。產西域。腿高力細。嘴尖尾脩。毛硬而堅。能逐野獸。獵者畜之。其性甚靈。待主頗義。

豕 上

音始。豬豨之總名。 犬豕。

詩止切。合言之。凡豬皆曰豕。分言之則雄為豕。豕豐體長鼻大耳剛鬣。性好污穢。食惡物。肉內多蟲。故西人皆食牛羊肉而不食豬肉。

豬 平

著平聲。豕子曰豬。 小豬。 野豬。

張如切。合而言之。為豨之通名。分而言之。則雄名豕。雌名豝。子名豬。

豚 平

音屯。豬子曰豚。 雞豚。

徒孫切。小豕也。

彘 去

音滯。豕母曰彘。 母彘。 狗彘。

直例切。

貓 平

音苗。捕鼠之獸也。 家貓。 野貓。

眉鑣切。貓善捕鼠。足短便跳。爪前五後四。可伸縮。舌上有刺。牙尖尾長。目能晝斂夜放。故視暗猶明。其睛子午卯酉如一綫。寅申巳亥如滿月。辰戌丑未如棗核。鼻端冷。惟夏至一日暖。陰類也。虎豹獅貍皆其屬類。

鼠 上

音暑。齧物獸之小者。 老鼠。 灰鼠。

賞呂切。小獸也。善為盜。晝伏夜動。僅有大牙門牙而無貳乐。食穀果餅餌。間亦食肉。巢於家者曰老鼠。小而灰者曰地鼠。穴水旁者曰水鼠。此外有松鼠。銀鼠。香鼠。鼷鼠諸類。又火鼠出西越。取其毛績之。名火浣布。

牝 上

音髕。母畜曰牝。 牝雞。

婢忍切。合言之。禽獸之母者曰牝。分言之則禽之母者曰雌。獸之母者曰牝。

牡 上

音母父畜曰牡
牝牡

莫后切合言之禽獸之公者皆曰牡分言之則禽之公者曰雄獸之公者曰牡

駢 平

音蹁二馬相比謂之駢
駢肩
駢指

蒲眠切駕二馬也引申之凡二者相比謂之駢如駢拇駢肩之駢是

駟 去

音四四馬一乘也
千駟

息漬切古者一轅之車駕三馬則五轡夏后氏減而為兩謂之麗駁益一騑謂之驂周又益一騑謂之駟駟者一乘四馬兩服兩驂是也　又天駟房星名也

驂 平

音參駕三馬也
驂乘

倉含切馬駕在車中曰服在車旁曰驂夏后氏駕兩謂之麗駁益一騑謂之驂引申之三人共載曰驂乘

蹏 蹄 平

音題獸甲足也
馬蹏

杜兮切獸足也無甲者爪有甲者蹏反嚼之獸多蹏肉食之獸多爪

駁 入

音博馬色不純曰駁
斑駁
駁船

北角切馬黄白毛雜謂之駁駁不純也故獨執異議曰駁議雜載之船曰駁船

鬣 入

音獵馬鬉曰鬣
長鬣

力涉切專言之則馬之鬉毛為鬣泛言之毛在首者皆曰鬣故楚人謂長鬚謂長鬣

馴 平

音旬豢野鳥獸使服謂之馴
馴養

詳倫切馴擾也引申為馴良之馴

尾 上

音委脊末曰尾
銜尾
首尾
孳尾
尾閭

武匪切禽獸後也引申之凡在後者皆曰尾又魚以尾計故數魚者必曰若干尾

駭 上

音蟹馬驚曰駭
驚駭
駭怪

下楷切驚起也引申之改人之視聽亦曰駭

騎 去 平

音奇。單乘曰騎。騎馬。騎射。
音芰。義同。

渠宜切。跨馬也。古者馬以駕車不以單騎。左傳昭公二十五年左師展將以公乘馬而歸。此騎馬之漸也。又奇寄切。

駕 去

音嫁。馬在軛中曰駕。駕車。尊駕。

居亞切。駕乘也。馭馬也。引申為車駕法駕之駕。又凡加而上之亦曰駕。

馭 去

語去聲。使馬曰馭。駕馭。

魚據切。駕御之也。馭與御同。引申之控制得宜謂之馭。

駐 去

音注。馬止曰駐。駐馬。
音柱。義同。

株遇切。馬立也。引申為駐劄之駐。又厨遇切。

騰 平

音滕。馬奔躍曰騰。飛騰。騰達。

徒登切。馬躍也。躍者必驟。故騰起騰貴之騰皆解為驟。

馳 平

音池。大驅曰馳。馳騁。馳驅。

陳知切。馬奔放也。引申之凡心神奔放皆曰馳。

驅 平

音區。策馬曰驅。馳驅。驅逐。

邱于切。馳騁也。轉注為驅逐之驅。

騁 上

音逞。競驅曰騁。馳騁。騁懷。

丑郢切。直馳也。引申為騁懷之騁。

驟 去

音縐。馬倏馳曰驟。驟然。

鉏救切。馬疾步也。引申之凡急者促者皆曰驟。如驟雨驟諫之驟是。

駛 上

音史。馬疾行也。駛行。

師止切。專言之則馬疾行曰駛。轉注泛言之則凡疾行皆曰駛。為駕駛之駛。

鱗 平

音鄰。魚甲曰鱗。水中動物之有鱗者。統謂之鱗蟲。魚鱗。鱗介。

離珍切。鱗蟲皆卵生。然與卵生之羽蟲迥異。羽蟲血熱而骨空。鱗則血冷而骨實。產淡水者不能居鹹水。產鹹水者不能居淡水。性皆夏食冬蟄。肉多可食。魚身之鱗。皆以次排列而不雜亂。故引申為鱗次鱗比之鱗。

鯁 上

音梗。骨刺於喉曰鯁。祝鯁。鯁直。

古杏切。魚骨也。魚骨剛直而不撓。故喻人之剛直者曰骨鯁。

龍 平

音龍。鱗蟲之長。龍挂。水龍。

盧容切。龍似蛇。四足。形狀種類不一。俗謂龍能升天取水。其實水面發電。捲去空氣。水即上湧。人在遠處觀之。見有白氣下垂。而疑為龍也。中國向以龍為神物。故王者之衣服黻章多用之。臣下頌君。亦多以龍為喻。

蛟 平

音交。蛇有鱗者曰蛟。蛟龍。出蛟。

居肴切。蛟似龍。無角。細頸修尾。大者數圍。水陸共居。俗謂蛟能發水。故古今皆有伐蛟之政。西人則謂係山中積水陡洩。萬泉奔放。故山水之漲。必在春夏之交。雖土中有蛟卵。實非蛟之所為也。

虯 平 虬

音鰍。龍子有角者。虯龍。

渠尤切。

蛇 平

音闍。龍屬之毒者曰蛇。蟒蛇。音移。委曲自得之貌也。委蛇。

時遮切。蛇皆艸居。間亦能泅。口有長牙二。中貯毒水。其齒常偃。噬人則起。毒之猛者能斃人。性善飢。飽則蛻。冬輒含土入蟄。春出吐之。產處以熱道為最夥。弋支切。

蟒 上

音莽。蛇之最大者曰蟒。蟒蛇。蟒袍。

模朗切。王蛇也。長數十丈。三足。身有花文。行時前身僵立如杆。速而有聲。能縛猛獸。并食禽卵。今朝服中箭衣。皆繡蟒龍。故偁蟒袍。

鯨 平

音檠。水居無足大獸也。鯨鯢。

渠京切。水獸。無鱗。產北冰洋。似魚而實非。胎生。血熱。呼吸亦主肺。不若魚之主乎腮也。鯨居水中久。則露鼻水面以吸氣。長八九丈。圍三四丈。鼻生於頂。目小。而相離甚遠。有二牙無牙之別。肉可鍊油。腦有白臘。其雌曰鯢。

魚 平

御平聲。鱗蟲之大宗也。鮮魚。魚膾。

牛居切。水族。有鱗無足。後似燕尾。間亦有無鱗修尾者。產淡水或鹹水間。離水則死。魚腦有髓。月滿則實。其目不閉。受驚則潛伏水底。海魚有能飛躍數十丈者。其翄如薄羅。大於鳥翼。名曰飛魚。魚類繁多。大都可食。

鮒 去

音附。魚名。涸鮒。

符遇切。鯽也。此魚好旅行。吹沫如星。以相即。謂之鯽。以相附。謂之鮒。

鯉 上

音里。淡水粗鱗之屬。鯉魚。

良以切。鯉有赤青黑白黃五種。今所見者。赤黑黃三種為多。鯉無大小。其鱗在脊正中一道。皆三十六。性不自相吞食。俗云鯉能神變。飛越江湖。故有登龍門之說。其實江湖皆產。非由飛越而至也。

鯊 平

音沙。海中厚皮之鱗屬。鯊魚皮。

師加切。鯊魚身小。前闊後狹。黃皮黑斑。喜張口吹沙。故一名海沙。大者長數十丈。三角形。厚皮大翄。口巨而向下。生吞食。則反身向上。常尾舟行。以食棄物。卵方而殼輭。久則自出。今所食魚翄。魚皮即取之此魚者也。

鰱 平

音連。淡水細鱗之屬。鰱魚。

力延切。鱮屬。細鱗巨首。有白赤青黑數種。產江河間。生息繁滋。其味甚美。

鱸 平

音盧。細鱗秋魚之屬。四腮鱸。鱸羹。

龍都切。鱸魚似鱖。巨口細鱗。秋風起則出。產淞江者。四腮而味美。餘皆兩腮。味亦稍損。

鮑 上

音抱。巨首粗鱗之屬。又醃魚名。鮑魚。

部巧切。鮑魚長二三尺至四五尺不等。頭甚巨。約居全體三分之一。背無脊。其鱗甚粗。淡水中皆有之。又海魚加之以鹽而不乾者。亦曰鮑魚。

鰣 平

音時。魚名。鰣魚。

辰之切。鰣似魴。肥美。江東四月有之。諺偁來鰣去鯗。謂來時為鰣。去時則變為鯗也。

鮝 上

音想。鹹水扁體之鱗屬。鮝魚、鹹鮝。

息兩切。鮝魚長約尺許。色白而灰。身扁而修。產江海中。吳闔閭渡海。得而食之。及歸思海中所食魚。索之。司者曰暴乾矣。食之甚美。因加魚字於美下。是魚遂名為鮝。俗寫作鮝。

鯿 平

音鞭。淡水扁體之鱗屬。鯿魚。

卑連切。鯿魚大者尺許。其色青白。身扁腹闊。頭尾皆小。產淡水中。其味甚美。襄陽人禁人捕捉。以槎斷水。因謂之槎頭縮項鯿。

鱖 去

音劌。淡水細鱗之屬。鱖魚。

姑衛切。鱖魚小者不滿尺。大者一二尺。形扁口闊。鱗細肉緊。皺骨堅硬。身有黃黑花斑。善吞小魚蝦蟇之屬。淡水中皆有之。

鯽 入

音積。淡水粗鱗之屬。鯽魚。

資昔切。鯽魚似鯉而小。其色青黑。腹大脊隆。淡水中皆有之。

鱓 上 鱔

音善。修尾無鱗之屬。黃鱓。

上演切。鱓魚似蛇無鱗。體生涎沫。腹黃背黑。伏水岸泥窟中。白鱓亦名鰻鱺。似鱓而大。腹白背灰。常伏浮屍中。食其肉味亦肥美。又有電鱓者。觸之即發電氣。中外皆產。但不常見耳。字亦作鱔。

鰌 平 鰍

音秋。泥中之鰌。曰泥鰌。

此由切。鰌似鱓而短。首銳色褐。其身有膝濡滑難握。產下田淺淖中。與他魚為牝牡。肉亦可食。而味不甚美。字亦作鰍。

鱷 入

音咢鼉屬也 鱷魚

逆各切鱷魚形如穿山甲喜水居巨吻無鬚四足而爪蟹目鼉鱗尾長數尺潛伏水濱俟畜取飲則以尾擊取而食之遺卵沙中經暴始出產南海印度埃及等處

龜 平

音騩介蟲之長也 烏龜

居為切龜形橢圓外骨內肉蛇首穹脊四足而爪觸之則首尾足皆縮入甲內性不喜噬以蛇為雄千歲之龜其甲即為玳瑁間有甲面生白毛或綠毛者古者以龜為卜謂其為四靈之一也今俗以為至賤之物

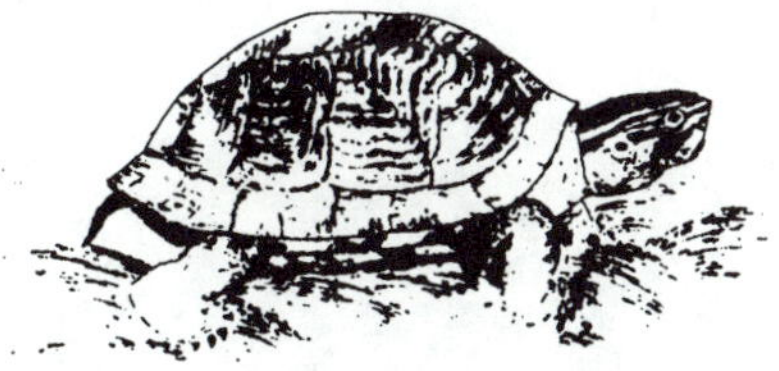

鼈 入

音鷩介蟲之大於龜者吳俗謂之甲魚 鼈甲

必列切鼈水居陸生形圓脊穹甲周有帬頭足皆能伸縮遺卵岸灘經暴則出以蛇為雄與交則腹赤有毒食之能毒人鼈無足而頭尾不縮者曰納三足者曰能

黿 平

音元介蟲之似鼈而大者 癩頭黿

愚袁切黿大於鼈或至一二丈以鼈為雌黿鳴則鼈應

鼉 平

音駝鱷魚之屬也 鼉鼓

唐何切鼉似蜥蜴長約丈餘有甲如鎧其皮堅厚可以冒鼓天雨則鳴故俗以為鼉能識雨也

鼇 平

音敖鼈之大者曰鼇 鼇頭

牛刀切海中大鼈也形近於魚故亦偁鼇魚

鯤 平

音昆魚子也 鯤鮞

古渾切凡魚之子名鯤又大魚名

鯢 平

音倪鯨之雌者曰鯢 鯨鯢

研奚切剌魚也雄曰鯨雌曰鯢其形四腳長尾聲如小兒啼故曰鯢魚

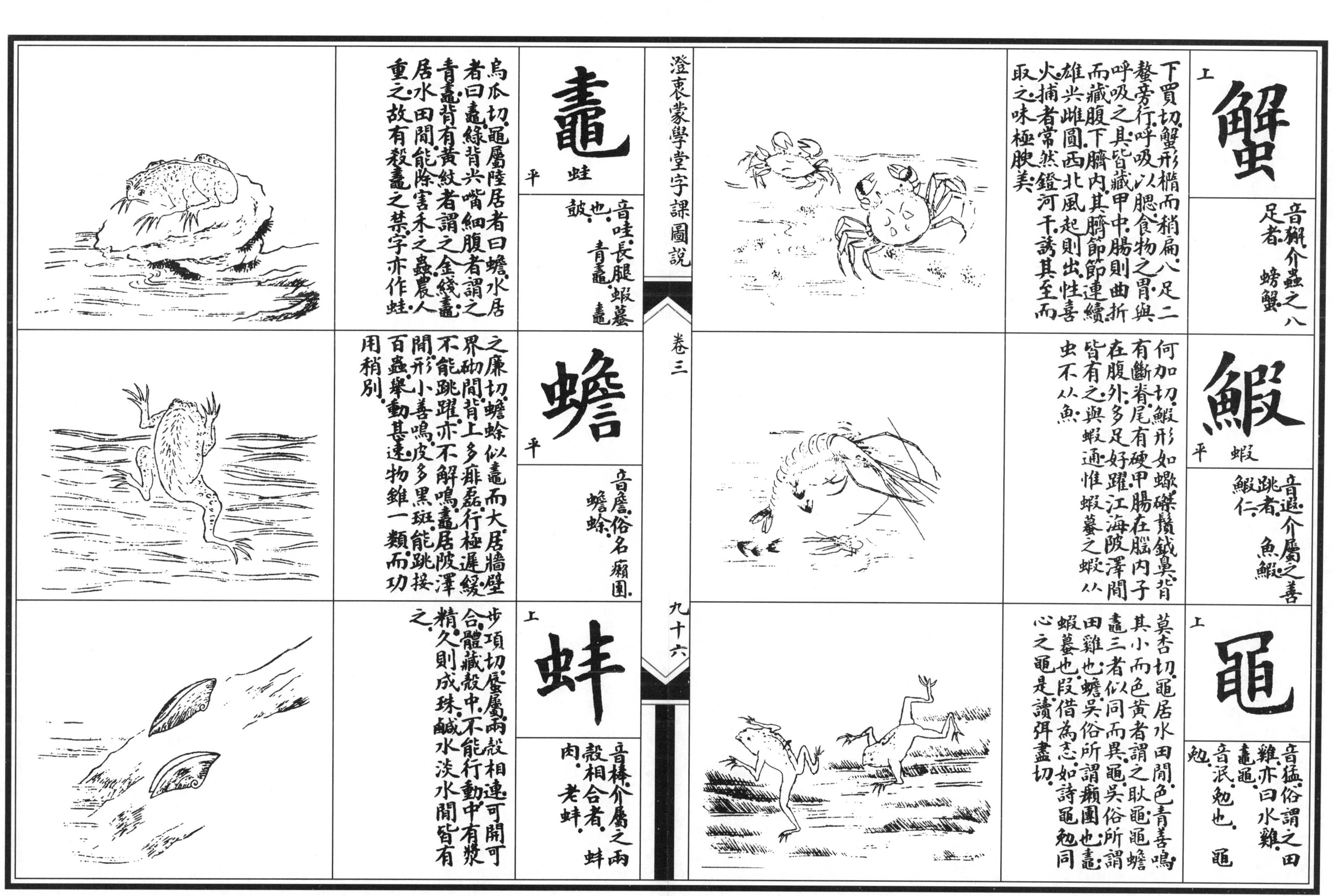

蟹 上

音懈。介蟲之八足者。螃蟹。

下買切。蟹形橢而稍扁，八足二螯，旁行，呼吸以腮。食物之胃與呼吸之具皆藏甲中，腸則曲折而藏腹下。臍內其臍節節連續，雄尖雌圓。西北風起則出，性喜火，捕者常然鐙河干誘其至而取之，味極腴美。

鰕 平 蝦

音遐。介屬之善跳者。魚鰕。鰕仁。

何加切。鰕形如蠍，礫鬚鉞鼻，背有斷脊，尾有硬甲，腸在腦內，子在腹外，多足，好躍，江海陂澤間皆有之。與蝦通。惟蝦蟇之蝦从虫不从魚。

黽 上

音猛。俗謂之田雞，亦曰水雞。鼃黽。音泯。勉也。黽勉。

莫杏切。黽居水田間，色青，善鳴，其小而色黃者謂之耿黽。黽、蟾、鼃三者似同而異。黽，吳俗所謂田雞也。蟾，吳俗所謂癩團也。鼃，蝦蟇也。段借為忘，如詩黽勉同心之黽，是讀弭盡切。

鼃 平 蛙

音哇。長腿蝦蟇也。青鼃。鼃鼓。

烏瓜切。黽屬，陸居者曰蟾，水居者曰鼃。綠背尖嘴細腹者謂之青鼃，背有黃紋者謂之金綫鼃。居水田間，能除害禾之蟲，農人重之，故有殺鼃之禁。字亦作蛙。

蟾 平

音詹。俗名癩團。蟾蜍。

之廉切。蟾蜍似鼃而大，居牆壁界砌間，背上多疿磊，行極遲緩，不能跳躍，亦不解鳴。鼃居陂澤間，形小，善鳴，皮多黑斑，能跳接百蟲，舉動甚速，物雖一類而功用稍別。

蚌 上

音棒。介屬之兩殼相合者。蚌肉。老蚌。

步項切。蜃屬，兩殼相連，可開可合，體藏殼中，不能行動，中有漿精，久則成珠。鹹水淡水間皆有之。

[illegible]

蛤 入

音鴿。蚌屬。亦名蛤蜊。青蛤。

葛合切。蛤似蚌而圓。生海中。白殼紫唇。其青殼者名青蛤。有大至二三寸者。其肉可食。蛤蚌之類。古別謂之互屬。謂其兩殼互合。異於羣介也。

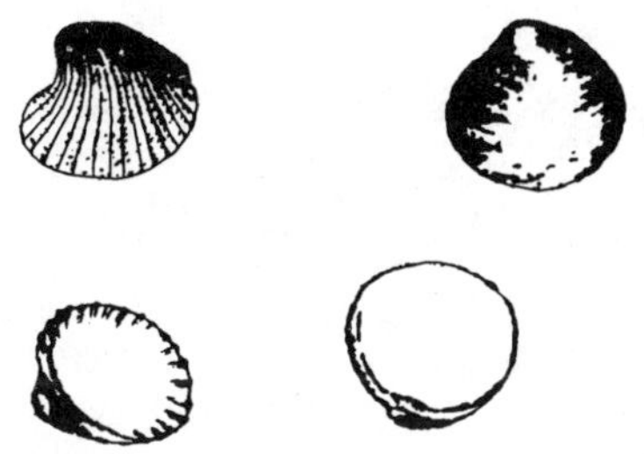

蜃 上

音腎。大蛤曰蜃。蜃炭。蜃樓。

時軫切。似蛤而大。一名含漿。俗謂蜃能噓氣空中。成樓臺城郭之狀。將雨即見。名曰蜃樓。其實水面光綫。折入天空。與海中島嶼。轉相映照。成象空際。非蜃氣所能致也。

蠣 去

音例。海蚌也。一名蠔子。牡蠣。蠣黃。

力制切。牡蠣也。產海中。似蠊微大。味美可食。其殼可以療疾。

蝸 平

音瓜。俗名蝸牛。蝸國。

古華切。蠃屬。產陰溼處。頭形似蛞蝓。其背負殼。有紋盤旋。其上熱則自懸葉下。行時遺滑漿。白亮如絲。觸之則縮首殼中。其性甚涼。可以消腫。

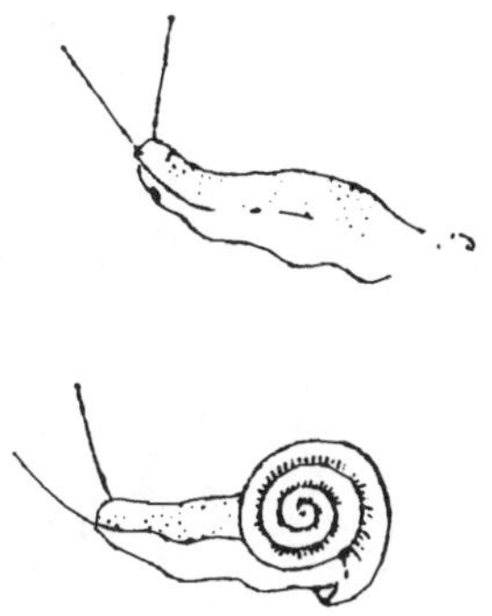

蠡 上 平

音禮。蟲齧木中也。
音黎。蚌屬。與螺通。

里弟切。食木蟲也。引申為追蠡之蠡。 憐題切。互屬之一。史記以蠡測海。言識淺而測深。猶以蠡殼量海水耳。

蟶 平

音頳。海中小蚌也。美人蟶。

丑貞切。蟶生海泥中。其形長短大小不一。種類甚多。閩粵人以田種之。候潮泥壅沃。謂之蟶田。

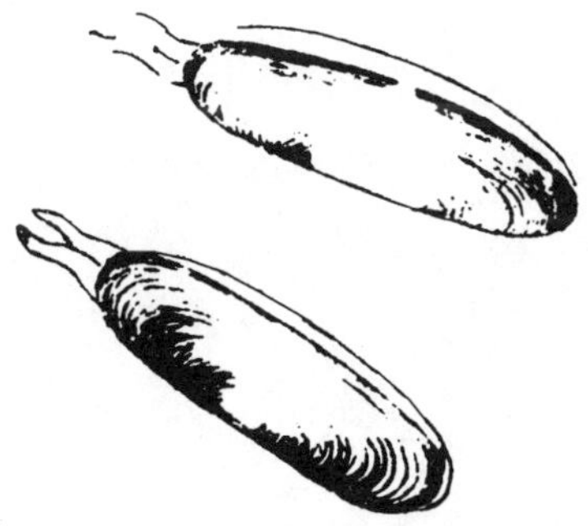

鱟 去

音候。魚名。鱟帆。

胡遘切。鱟長五六尺。十二足。似蟹。雌常負雄。漁子取之。必得其雙。子如麻子。南人為醬。

蟲 平

音种。動物之總名。昆蟲。蟲豸。

持中切。動物五種。羽蟲毛蟲甲蟲鱗蟲倮蟲皆曰蟲。又爲小動物之種名。所以別於禽獸鱗介也。攷工記。外骨內骨卻行仄行連行紆行。以脰鳴者。以注鳴者。以旁鳴者。以翼鳴者。以股鳴者。以胷鳴者。謂之小蟲之屬。

蝠 入

音福。

方六切。

螳 平

音唐。螳螂。介蟲也。

徒郎切。螵蛸母也。色緑或灰。產卵於夏令。長頸斧臂。修翅半腹。其卵謂之螵蛸。世謂之天馬。以其驤首奮臂。延頸挺行。其象如馬也。

蝙 平

音邊。蝙蝠。一名飛鼠。

卑眠切。蝙蝠胎生。鼠形而翼。毛而不羽。翼係薄皮。連於前後兩腿。狀如鴨掌。晝則倒懸隱處。夜出覓食。既乳則挾稚以飛。食惟果實昆蟲。閒有食肉吸血者。大者長二尺。小者二三寸。產於溫暖之處。

蜋 螂 平

音郎。螳螂也。又蜣螂也。

堂當切。蜣蜋如地鼈。蟲黑甲。翅在甲下。喜噉糞土。常取糞作丸而轉之。久則蝡動。丸中蛻壳成蟬。蓋先遺卵於丸中。非丸之能化生也。

螽 平

音終。蝗屬之總名。蠡螽。螽斯。

之戎切。蝗始生曰蝝。大曰螽。螽蟲災也。凡螽子遇旱爲螽。遇水即爲魚。

蜻 平

音青。蜻蜓也。音精。蜻蛚。俗名蝍蛉子。

倉經切。蜻蜓細腹修尾。六足四翼。其翅輕薄如蟬。飲露食蚋。其色有青赤黃三種。遇雨即羣飛。好點水以爲樂。　子盈切。蟋蟀之屬。其大如麥。善鳴。秋令有之。

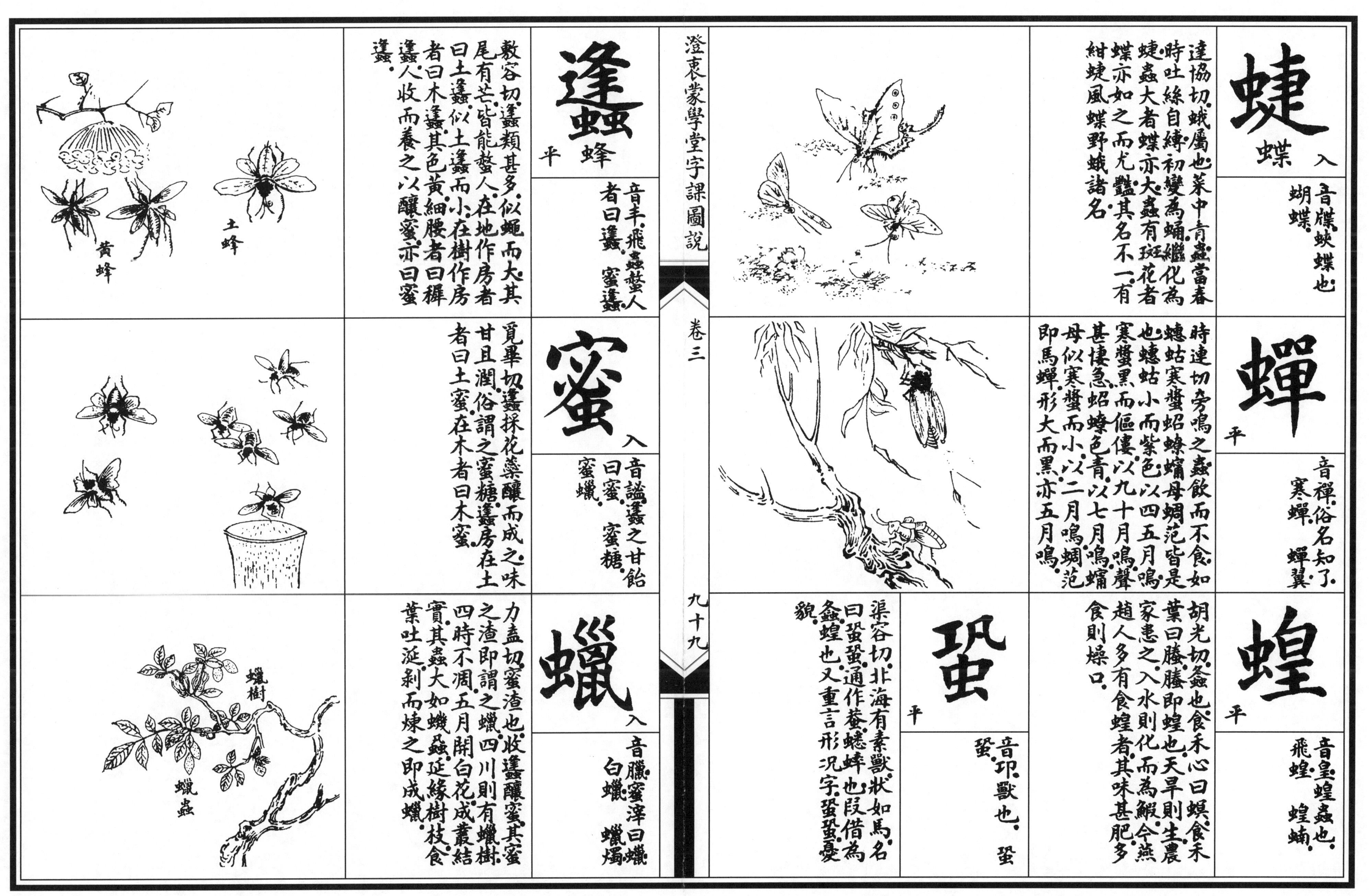

蜨　蝶　入

音牒。蛺蝶也。蝴蝶。

達協切。蛾屬也。菜中青蟲當春時吐絲自縛，初變為蛹，繼化為蜨。蟲大者蝶亦大，蟲有斑花者蝶亦如之而尤豔。其名不一，有紺蜨、風蝶、野蛾諸名。

蟬　平

音禪。俗名知了。寒蟬　蟬翼

時連切。旁鳴之蟲，飲而不食。如螓蛄、寒螿、蛁蟟、蝺母、蜩范皆是也。螓蛄小而紫色，以四五月鳴。寒螿黑而傴僂，以九十月鳴，聲甚悽急。蛁蟟色青，以七月鳴。蝺母似寒螿而小，以二月鳴。蜩范即馬蟬，形大而黑，亦五月鳴。

蝗　平

音皇。蝗蟲也。飛蝗　蝗蝻

胡光切。螽也。食禾心曰螟，食禾葉曰螣。螣即蝗也。天旱則生，農家患之。入水則化而為蝦。今燕趙人多有食蝗者，其味甚肥，多食則燥口。

蛩　平

音卭。獸也。蛩　蛩

渠容切。北海有素獸，狀如馬，名曰蛩蛩。通作蛬。蟋蟀也。叚借為螽蝗也。又重言形況字，蛩蛩，憂貌。

蠭　蜂　平

音丰。飛蟲螫人者曰蠭。蜜蠭

敷容切。蠭類甚多，似蠅而大，其尾有芒，皆能螫人。在地作房者曰土蠭，似土蠭而小在樹作房者曰木蠭。其色黃細腰者曰稺蠭。人收而養之以釀蜜，亦曰蜜蠭。

蜜　入

音謐。蠭之甘飴曰蜜。蜜糖　蜜蠟

覓畢切。蠭採花蘂釀而成之，味甘且潤。俗謂之蜜糖。蠭房在土者曰土蜜，在木者曰木蜜。

蠟　入

音臘。蜜滓曰蠟。白蠟　蠟燭

力盍切。蜜渣也。收蠭釀蜜，其蜜之渣即謂之蠟。四川則有蠟樹，四時不凋，五月開白花成叢，結實。其蟲大如蟣蝨，延緣樹枝，食葉吐涎，剩而煉之，即成蠟。

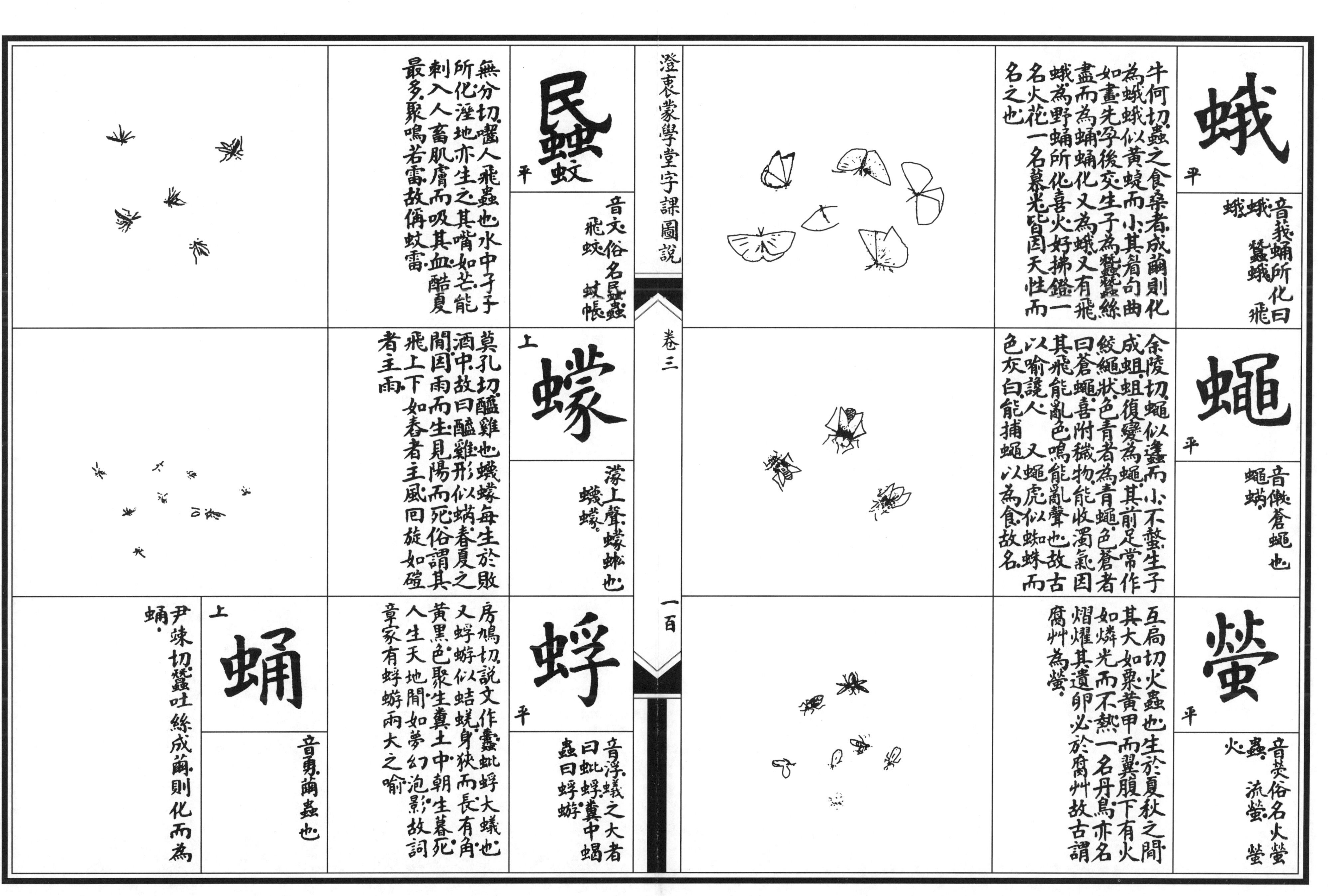

蛾

平

音莪蛹所化曰蛾蠶蛾飛蛾

牛何切蟲之食桑者成繭則化為蛾蛾似黃蝶而小其眉句曲如畫先孕後交生子為蠶蠶絲盡而為蛹蛹化又為蛾又有飛蛾為野蛹所化喜火好拂鐙一名火花一名慕光皆因天性而名之也

蠅

平

音僜蒼蠅也蠅蝻

余陵切蠅似蠭而小不螫生子成蛆蛆復變為蠅其前足常作絞繩狀色青者為青蠅色蒼者曰蒼蠅喜附穢物能收濁氣因其飛能亂色鳴能亂聲也故古以喻讒人又蠅虎似蜘蛛而色灰白能捕蠅以為食故名

螢

平

音熒俗名火螢蟲流螢螢火

互扃切火蟲也生於夏秋之間其大如粟黃甲而翼腹下有火如燐光而不熱一名丹鳥亦名熠燿其遺卵必於腐艸故古謂腐艸為螢

蟁 蚊

平

音文俗名蟁蟲飛蚊蚊帳

無分切囓人飛蟲也水中孑孓所化溼地亦生之其嘴如芒能刺入人畜肌膚而吸其血酷夏最多聚鳴若雷故偁蚊雷

蠓

上

濛上聲蠓蜙也蠛蠓

莫孔切醯雞也蠛蠓每生於敗酒中故曰醯雞形似蜹春夏之間因雨而生見陽而死俗謂其飛上下如舂者主風回旋如磑者主雨

蜉

平

音浮蟻之大者曰蚍蜉糞中蝎蟲曰蜉蝣

房鳩切說文作䗄蚍蜉大蟻也又蜉蝣似蛣蜣身狹而長有角黃黑色聚生糞土中朝生暮死人生天地間如夢幻泡影故詞章家有蜉蝣兩大之喻

蛹

上

音勇繭蟲也

尹竦切蠶吐絲成繭則化而為蛹

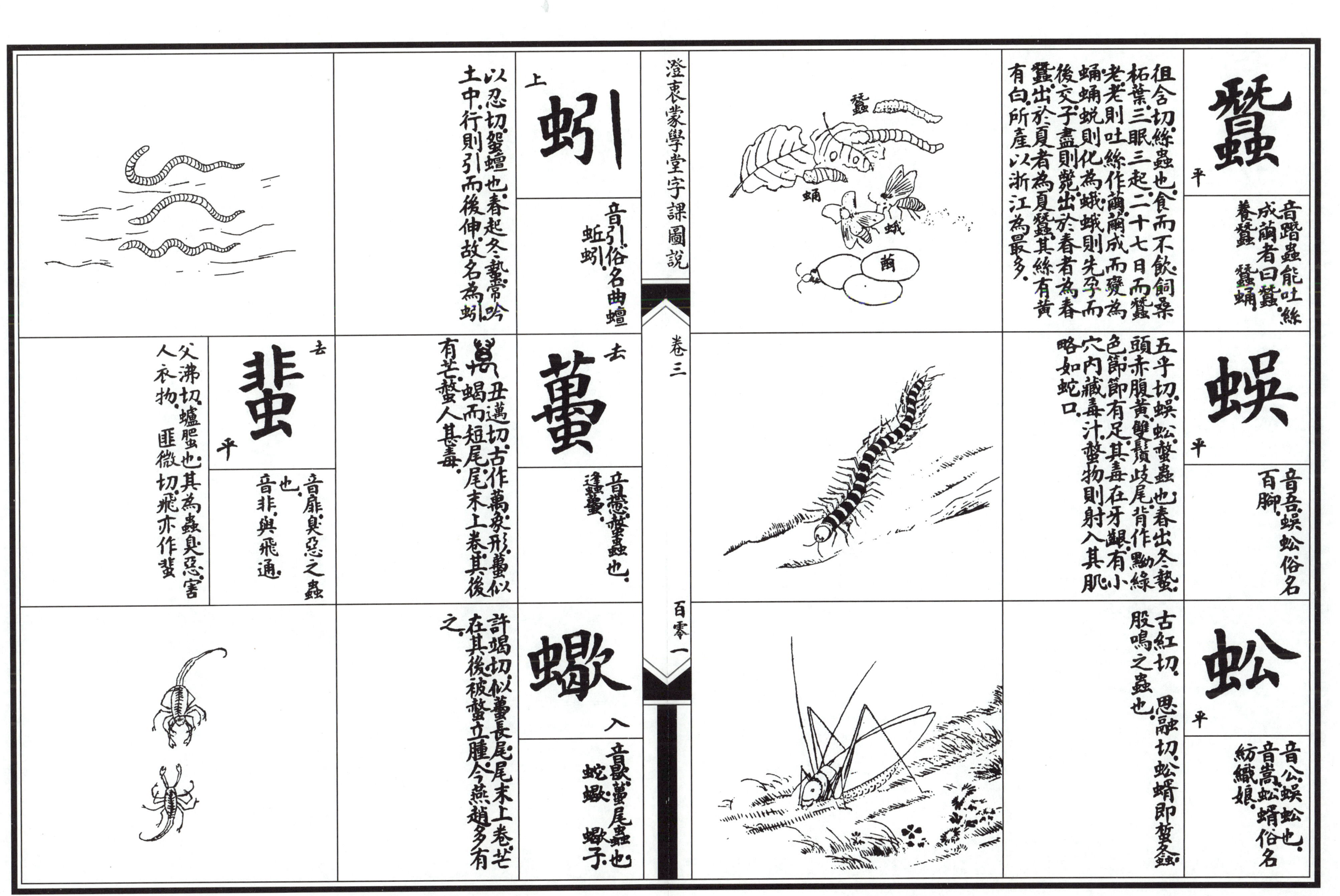

蠶 平

音蹔。蟲能吐絲成繭者曰蠶。 養蠶 蠶蛹

徂含切。絲蟲也。食而不飲。飼桑柘葉。三眠三起。二十七日而蠶老。老則吐絲作繭。繭成而變為蛹。蛹蛻則化為蛾。蛾則先孕而後交。子盡則斃。出於春者為春蠶。出於夏者為夏蠶。其絲有黃有白。所產以浙江為最多。

蜈 平

音吾。蜈蚣俗名百腳。

五乎切。蜈蚣。螫蟲也。春出冬蟄。頭赤腹黃。雙鬚歧尾。背作黝綠色。節節有足。其毒在牙齦。有小穴。內藏毒汁。螫物則射入其肌。略如蛇口。

蚣 平

音公。蜈蚣也。 音嵩。蚣蝑。俗名紡織娘。

古紅切。 思融切。蚣蝑即蜇螽。股鳴之蟲也。

澄衷蒙學堂字課圖說

卷三

百零一

蚓 上

音引。俗名曲蟺 蚯蚓。

以忍切。螼蟺也。春起冬蟄。常吟土中。行則引而後伸。故名為蚓。

蠆 去

音慸。螫蟲也。 蠭蠆。

丑邁切。古作萬。象形。蠆似蠍而短尾。尾末上卷。其後有芒。螫人甚毒。

蠍 入

音歇。蠆尾蟲也。 蛇蠍 蠍子。

許竭切。似蠆長尾。尾末上卷。芒在其後。被螫立腫。今燕趙多有之。

蜚 去 平

音扉。臭惡之蟲也。 音非。與飛通。

父沸切。蠦蜰也。其為蟲臭惡。害人衣物。 匪微切。飛。亦作蜚。

蠹 去

音妒。俗名蛀蟲蠹魚。奸蠹。

都故切。古文作螙。謂蟲在木中也。引申之。凡穿人器物者皆謂之蠹。故蠹書之蟲。亦名蠹魚。又申之。凡有損於物者皆曰蠹。如蠹役之類是。

蛆 平

音苴。蝍蛆也。音疽。蠅子所成曰蛆。糞蛆。

子余切。蝍蛆。似蝗。大腹長角。能食蛇腦。蛇食蛙黽。蛙黽食蝍蛆。互相食也。又千余切。蠅生子而變為蛆。故敗臭之物。經蠅附緣則生蛆。

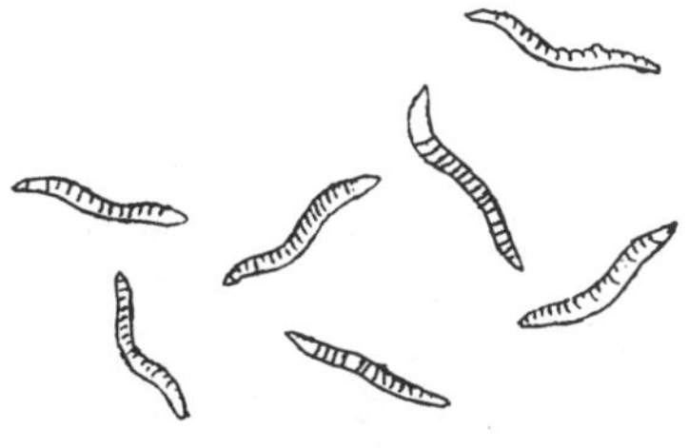

蠱 上

音古。微生物曰蠱。蠱毒。巫蠱。

果五切。蠱害人之蟲。凡瘡瘍癘疫。皆蠱所致。而癘疫之蠱尤甚。故其傳染甚速。粵中有造蠱之法。以百蟲置皿中。俾相啖食。其存者即蠱。蠱行毒飲食中。傷人而人不之覺。故轉注為蠱惑之蠱。又易山風蠱卦名。䷑

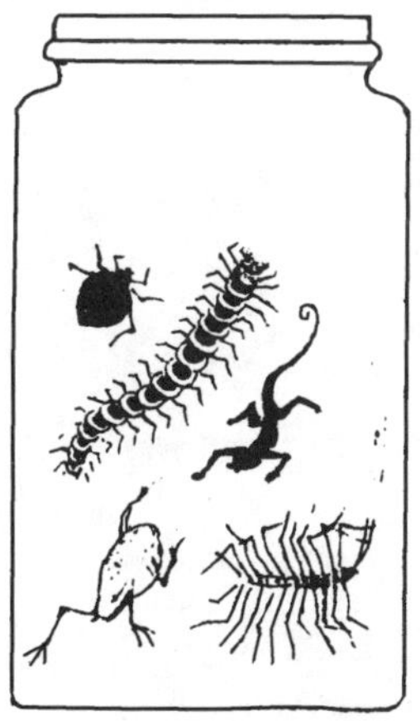

蛛 平

音誅。蜘蛛也。吳俗謂之結蛛。

追輸切。本作鼅。網蟲也。細腰大腹。其絲後出。引之右繞。布網如罝。物觸其網。即羅而食之。其在土中布網者。名土蜘蛛。作網幕絡艸上者。名艸蜘蛛。

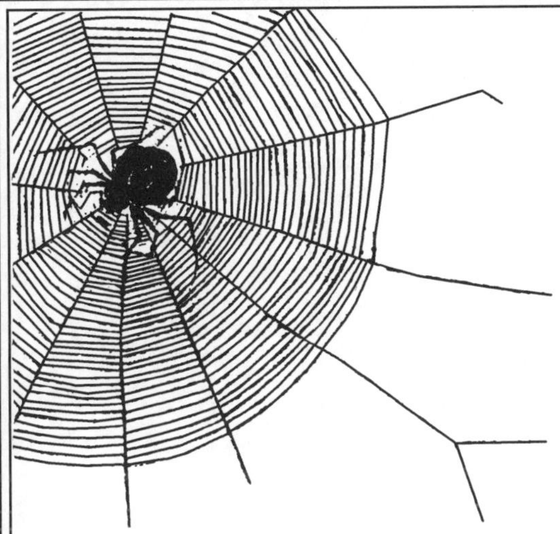

蟀 入

音率。蟋蟀也。

朔律切。蟋蟀。似蝗而小。其色黝黑。光澤如漆。有角有翅。生於秋冬。初涼則鳴。其性善鬬。勝則且逐且鳴。一名蛬。一名蜻蛚。一名趣織。一名吟蛩。

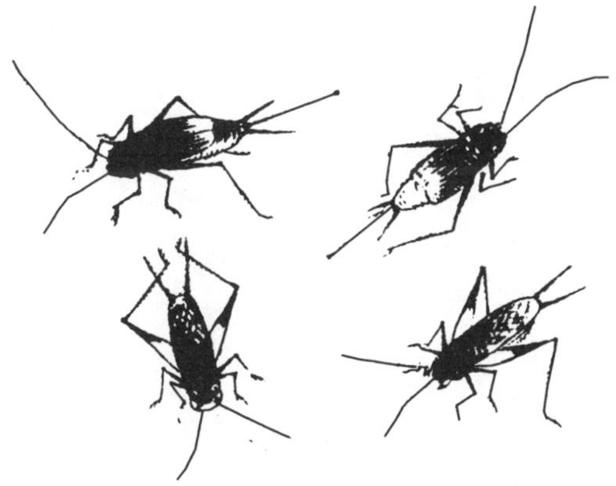

科 平 蝌

音窠。條目曰科。又科斗。鼃子也。登科。

苦禾切。程也。从禾从斗。斗。量也。引申為科第科條之科。又科斗。蝦蟇子。一名活東。狀如河豚。頭圓身黑。始出有尾無足。稍大則足生尾脫。古文象其形。故謂之科斗文。亦作蝌蚪。

蚨

平

音扶。水蟲也。青蚨。

馮夫切。青蚨。南海水蟲也。一名蚨蟬。一名蟱蝺。一名魚伯。其形如蟬。辛美可食。子著艸葉上。如蠶種。取其子則母飛來。雖潛取之。亦知其處。故相傳為殺其母塗錢。以子塗貫。則錢用去能自還云。

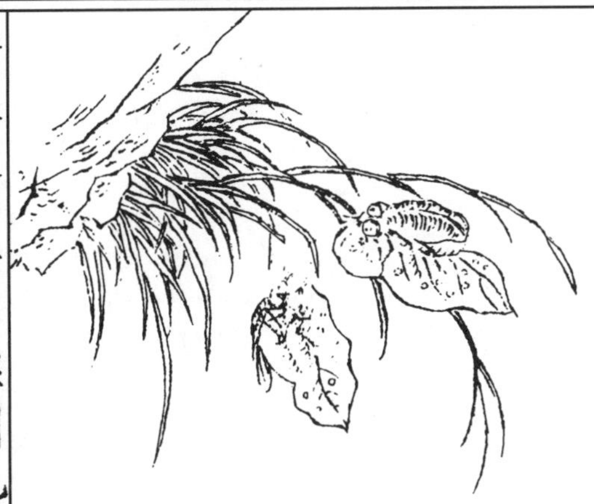

蚤

上

音阜。俗名跳蝨。

子皓切。嚙人跳蟲也。似蝨。穹背大腹。其跳甚速。產木土中。春夏尤多。亦作蚤。

蝨

入

音瑟。嚙人小蟲也。蟣蝨。鱉蝨。

色櫛切。如蚤而扁。不能跳躍。常附動物之體而嚙其血。其子曰蟣。又臭蝨。亦名鱉蝨。生木中。然蝨皆因不潔而生。非動物體與木之必生蝨也。

蟻

上

螘

音艤。俗名螞蟻。螻蟻。蟻聚。

魚綺切。同螘。蚍蜉之小者也。其大而赤斑者曰蠪。有翄而飛者曰蟨。蠪細腰大腹。口有二鉗。蟨則尾端有芒。皆能螫人。其巢積食甚多。中有蟻王。遇侮則帥衆敵之。如行軍狀。敵死必負屍歸。蓋小動物之靈者。惟蜂與蟻云。

蛀

去

音注。蠹物之蟲曰蛀。蛀蝕。

朱戍切。木蠹蟲也。又凡能蠹物之蟲。皆謂之蛀蟲。

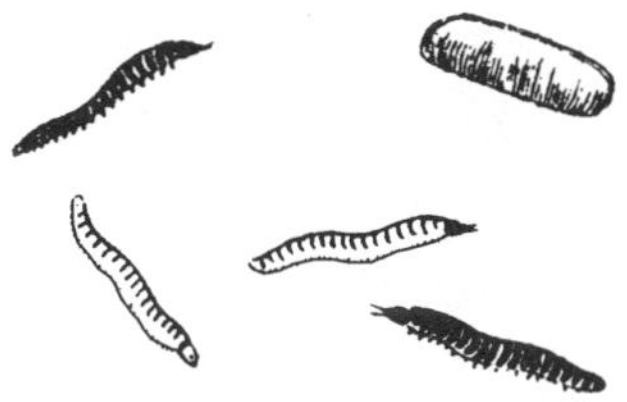

蟄

入

音膣。蟲藏曰蟄。驚蟄。蟄蟲。

直立切。小蟲之屬。皆春啟而冬蟄。蟄藏也。引申謂伏藏皆曰蟄。

虺

上

音卉。蛇之小者為虺。

許偉切。虺狀似蛇而小。其色如土。所在有之。又重言形況字。詩虺虺其雷。虺虺。雷聲也。